销售就是
会玩转情商

SALES IS
TO PLAY
WITH EQ

别人不说，你一定要懂的销售心理学

王小怡/管鹏　著

文匯出版社

图书在版编目 (CIP) 数据

销售就是会玩转情商 / 王小怡, 管鹏著 . — 上海 :
文汇出版社 , 2019. 10
ISBN 978-7-5496-2991-6

Ⅰ . ①销… Ⅱ . ①王… ②管… Ⅲ . ①销售 - 商业心
理学 - 通俗读物 Ⅳ . ① F713.55-49

中国版本图书馆 CIP 数据核字 (2019) 第 205254 号

销售就是会玩转情商

著　　者 / 王小怡　管　鹏
责任编辑 / 戴　铮
装帧设计 / 天之赋工作室

出版发行 / **文汇**出版社
　　　　　　上海市威海路 755 号
　　　　　　（邮政编码：200041）
经　　销 / 全国新华书店
印　　制 / 三河市天润建兴印务有限公司
版　　次 / 2019 年 10 月第 1 版
印　　次 / 2023 年 2 月第 8 次印刷
开　　本 / 880×1230　1/32
字　　数 / 123 千字
印　　张 / 7

书　　号 / ISBN 978-7-5496-2991-6
定　　价 / 36.00 元

前　言

销售员对于任何一家公司来说都至关重要，尤其是科技产品日新月异，而顾客对于新事物知之甚少，在众多产品中，一种产品如何能够吸引顾客的眼光，让顾客主动、自愿地掏腰包，就看销售员的本领了。

但要想成为一名优秀的销售员并不容易，他不仅要有扎实的专业知识、娴熟的沟通技巧、丰富的人际关系，更要懂得营销心理学；同时，他在销售过程中还要能敏锐捕捉到顾客的内心想法，进而通过语言对顾客进行说服。这绝不是一件简单的事，但销售员若能做到这些，签单也许就不那么难了。

有位心理学家说："成功的销售从心理开始。"由此可见，优秀的销售员往往都懂得营销心理学，并且懂得狼性法则，通过顾客的行为敏锐地捕捉到顾客的心理，从而引导顾客心甘情愿地购买产品。

掌握顾客的心理，比掌握产品的价格和性能更加重要——后者只是了解产品，而前者则了解购买产品的人的心理。销售员只有懂得营销心理学，才能看懂顾客，了解他们的需求，在交谈中把握对方的心理变化。

一名优秀的销售员，他必然能像狼看到猎物一样，细心地观察顾客，通过顾客的言谈举止，从而看出他对这件商品的感觉、购买意愿，再运用营销心理学，通过话语激发顾客的购买欲，最后产生购买行为；而一名普通的销售员，可能只是在那里喋喋不休地说着他的产品有多么好、买的人有多少，却从来不会观察顾客是否对此感兴趣，是否产生了厌烦情绪。

俗话说，天下不会有两片长得完全一样的树叶，顾客也不会有完全一样的性格。顾客有的内向，有的外向；有的喜欢炫耀，有的喜欢低调；有的随和，有的挑剔；有的果断，有的犹豫……针对不同类型的顾客，销售员要采取不同的应对之策，如果一视同仁，只会丢失大量的顾客。唯有满足不同类型顾客的心理需求，才能算得上一名优秀的销售员。

相信本书能让做销售的朋友更加了解顾客的行为，读懂顾客的心理，让销售变得更加容易。

目 录
Contents

第 一 章

识别顾客心理，摸准每一位顾客的需求

破译顾客的行为密码，读懂他的身体语言

看清顾客的消费心理，让他永远离不开你

第 四 章

用巧妙的言语，激起顾客购物的欲望

第 五 章

抓住顾客的心理弱点，轻松击中内心"命门"

第 六 章

顾客不一定都理性，需要销售员引导

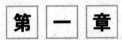

第一章

识别顾客心理，摸准每一位顾客的需求

"顾客是上帝"是传统的说法，在当今时代，要想真正进入顾客的内心，成为他们信任的人，你就要把他们当朋友。

> 想钓到鱼，就要像鱼一样思考问题

"只有为顾客着想，顾客才会为你着想。"相信每一名销售员都听过这句话并且感同身受，因为只有做到以顾客为中心，懂得站在顾客的角度思考问题，才会赢得顾客的信任。

相信很多销售员都有过如下疑惑：

"为什么我与顾客接触了很久，顾客就是不领情呢？"

"为什么我说的话，顾客都不会注意听，只是一味地敷衍呢？"

"为什么明明产品非常好，顾客就是不动心呢？"

就让下面这个故事告诉你答案吧：

甲、乙两名销售员到同一位客户家里去推销家用电器。

甲见到客户后，便口若悬河地介绍自家产品的质量多么好、多么实用，如果不购买的话会多么可惜。结果，客户毫不客气地打断他，说："不好意思，先生，我觉得它并不适合我。"甲只好灰溜溜地离开。

乙见到客户，没有立刻聊产品，而是跟客户拉起了家

常。他通过跟客户闲聊家里的装修设计，推测客户生活的档次和消费品位；通过跟客户聊桌上孩子照片的拍摄时间、地点，推测客户的家庭情况。

等到介绍到家用电器时，乙还是没有直接向客户推荐产品，而是询问客户在生活中有什么不便，需要什么款式和档次的家用电器，并细心地为客户分析使用最新款家用电器能够给他带来多少潜在的好处。最后，乙并没有把手头的产品卖给客户，而是说最近公司会推出一款新机型，特别符合客户的需求，希望客户能够等一等，自己过段时间再来拜访。

对于乙的拜访，客户非常赞赏，他深深地感受到乙所说所做的都是从他的立场出发，最后当然以订单来报答。

当销售员抱怨客户时，最应该做的是换位思考：你有没有考虑过客户的需求？有没有照顾到客户的感受？你是否一味地关心自己的产品能卖出去多少？是否一味地夸赞自己的产品有多么优质？

在销售过程中，客户最关心的人是自己。如果销售员不能说一些客户最关心的问题，就相当于在说废话，你的拜访就是在浪费客户的时间，你的劝说就是在"敲诈"客户的金钱，你的不屈不挠就是在"折磨"客户的大脑神经。

视客户为"上帝"，以客户为中心。这说起来很简单，可在实际销售中，销售员总会不自觉地跑偏。

有这样一则小故事：一天晚上，农夫想把牛赶进牛棚，不料，牛却犯起了倔劲，死活不肯进牛棚。这时，农夫的妻子从墙边拔了一捧青草，然后一边喂牛一边向牛棚里走，结果顺利地将牛带进了牛棚。

对于牛来说，它最关心的是什么？它不会关心晚上自己是否会被偷走，主人家有没有损失；也不会关心主人的田还等着它第二天耕作——它关心的是能否吃到肥美的青草，喝到甘甜的井水。农妇就意识到了牛最关心的问题，所以才能轻松搞定它。

这个故事听起来很搞笑，但仔细想想，很多销售员每天忙乎的样子与农夫如出一辙——他们不从顾客本身的需求出发，就算你的产品比竞争对手好得多，顾客也不会领情。

有一种销售理念是：要想钓到鱼，就要像鱼一样思考，而不能像渔夫一样思考。销售员要想赢得客户的尊重和信任，首先要做的就是站在客户的角度思考问题，而不能一味地站在自己的立场进行推销。

顾客最关心的人是自己，销售员就应该投其所好，做到顾客关心什么，销售员就关心什么。销售员不妨把自己定位在顾客助理的角色上，时刻替顾客着想，为顾客出谋划策，帮助顾客解决问题。如此一来，你不但能获得顾客的信任，也能跟顾客成为生意场外的朋友。

另外，在与顾客接触的过程中，销售员一定要让顾客感到开心、舒心、放心，这样顾客才会让你进入他们的视线。

每个人都有自己与别人相处的习惯和方式，如果销售员不按照顾客的习惯来做，势必会引起顾客的反感，而当顾客对销售员产生疑问时，也就失去订单了。

> 当顾客肚子里的蛔虫

一个人的心理需求是决定购买决策的最大要素，马斯洛需求层次理论告诉我们，人的需求遵循生理需求、安全需求、被尊重需求、人际交往需求和自我实现需求的递增规律。在物质丰富的今天，人们低层次的需求大多已经得到满足，于是高层次的需求成为打开顾客心门的关键钥匙。

顾客的购买行为大部分受欲望驱使，而非完全根据逻辑推理去判断是否购买。不成功的推销有多种原因，而成功的推销只有一个原因——找到进入顾客真正需求的捷径与切入点，着眼于发现和满足顾客的需求，从心理需求、情感欲望上促使顾客自己找到购买的理由。

这类似于医生给病人看病，对症下药才能药到病除。销售员给顾客推销产品，首先要全面、充分地了解顾客的购买需求，然后再引导他们说出自己的需求，这样才能让他们主动掏腰包。

敏洁在一家化妆品专柜做销售员，一天，她看到一个肤色暗淡且脸颊有少许痘印的年轻女孩在柜台前的护肤品区逛了好几趟，拿起试用装涂抹后露出一种不满意的表情。

经验丰富的敏洁猜出女孩可能是自家品牌的老主顾，但是又不知道应该选择哪款产品比较合适。

当女孩再次盯着护肤系列产品看时，敏洁走到她的面前，笑着问："我看你在这里挑选很久了，你想要什么效果的产品呢？"

女孩说："我常来你们这家店，听说最近上市了一款氧气面霜能淡化痘印，就想来试试。"

敏洁一听，心中明白女孩为什么犹豫这么久了。那款氧气面霜效果显著，但是一瓶要近千元，而她的年龄也不大，估计还在上大学，可能是舍不得买这么贵的护肤品。

敏洁微笑着说："是的，氧气面霜淡化痘印的效果非常好，不过，你的痘印不多，而且颜色也不深，可以尝试这一款。"她从柜台里拿出一款面霜，并解释说，"这款面霜淡化痘印的效果也很棒，而且还能深度补水、锁水，提亮肤色，很适合你用。"

女孩在手背上试用了一下，试探性地问："这款面霜多少钱呀？"

敏洁热情地回答："这段时间商场在做活动，所有化妆品都可以享受 8 折优惠，这款面霜打完折是 298 元，另外还可以送你产品小样。"

女孩的表情看上去轻松了许多，最后欣然接受了敏洁的建议，满意而归。

在销售中，敏洁抓住了顾客本身的需求，推荐了合适的产品。如果当时敏洁只为提高自己的业绩，一味向顾客推荐价格昂贵的产品，那一定会导致顾客流失——因为，即使产品的效果再好，但超出顾客购买能力的承受范围，顾客也会选择放弃。

那么，我们怎么才能抓住顾客的购买心理呢？

不难看出，发现顾客真正的需求有一个窍门——让顾客自己说出真正的需求。这就是说，销售员要做的不是强行推销产品，而是注意倾听，并引导顾客自我完成销售。

> 走进顾客的内心，成为他不可或缺之人

以前，人们为了能够买到紧俏的商品会去巴结销售员；如今，市场竞争越发激烈，顾客变成了主导，不仅不会巴结销售员，而且还会挑销售员的毛病——谁赢得顾客，谁就会赢得订单。

于是，不少销售员都去巴结顾客，希望顾客能购买他们的产品。然而，当销售员这样做的时候，顾客并不买账——越是把顾客当上帝，就越难将商品卖出去。因此，销售员要想让顾客信任你，最好的办法就是拉近你与顾客的距离，跟他们成为朋友。

晓东在某礼品包装公司做销售主管，最近他遇到了一个难题：一位顾客在公司订购了一种礼品盒，对方的要求非常高，希望礼品盒质量好，还要既便宜又高档。顾客出的价格只能做成纸盒，但对方坚持要木盒——按照顾客的要求，木盒的制作成本需要 20 元，可顾客给的成本只控制在 12 元。

在这种情况下，晓东该怎么办呢？不接这个单会失去不少的利润，因为顾客需要 10 万个礼品盒，这样一笔生意放弃了太可惜；但如果接的话，按照顾客要求的成本只能用最差的木材，而最差的木材无法做出高档礼盒。

最后，晓东给了顾客纸质礼盒和木质礼盒两种款式，让他自己来对比纸盒和用差的木材做的木盒的效果。

或许有人会认为，不按照顾客的要求来做，怎么可能获得顾客的认可呢？实际上，最后晓东成功了——他根据顾客的要求加入自己的意见，真心实意替顾客着想，从而让顾客接受了他的建议。

你在销售过程中将顾客当成朋友，那么，顾客自然也会把你当成朋友，这样一来，他在购买的过程中就会考虑你的意见。

很多时候，你的一个建议可以为顾客带来很大的改变，等到交易成功后，顾客甚至会感谢你。你也可以在节日的时候，给顾客发一条短信或是打电话问候；在街上碰到顾客，主动跟对方打招呼……

那么，怎么做才能把顾客当朋友呢？

1. 要多为顾客考虑

比如，作为房地产销售员，要了解顾客的需求——顾客的经济条件适合买什么户型的房子。假如销售员将顾客的事情都当作自己的事情来办，就可以让顾客感觉到你的真诚，从而愿意跟你拉近距离。

2. 要明确与顾客的关系

实际上，销售员与顾客是合作关系，而不是对立关系，因此，销售员要将顾客当朋友，而不能故意去刁难顾客。另外，销售员与顾客有一种相互制约的关系，销售员要从顾客的立场出发，以真诚的态度进行销售，让产品和服务超出他们的期望，让他们惊喜。

"顾客是上帝"是传统的说法，在当今时代，要想真正进入顾客的内心成为他们信任的人，你就要把他们当朋友。

> 利益接近法：顾客的求利心理

顾客都希望买到物美价廉的产品，在实际的购买过程中，有的顾客会掩饰自己的求利心理，有的顾客不了解具体情况和利益所在，但他又不愿意主动询问。当遇到这样的情况时，我们可以用"利益接近法"来完成销售。

那么，什么是利益接近法？那就是销售员抓住顾客追求利益的心理，利用所推销的产品给顾客带来实惠、好处，从而引起顾客的注意和兴趣，进而转入面谈的接近方法。

从现代推销原理来讲，利益接近法是一种最有效、最省事的方法，它迎合了大多数顾客的求利心态，突出了销售重点和产品优势，有助于快速达到接近顾客的目的。

顾客购买商品的目的是想从商品中获得某种利益，而企业销售更是直接以盈利为目的，它符合商品交易互利互惠的基本原则。另外，当销售员指明利益的时候，一部分顾客会留下来继续听销售员讲解，另一部分顾客会掉头走开。通常，留下的顾客都有潜在的购买意向。

销售员用这种方法筛选顾客的准确度很高，这是它的一大优势。

使用利益接近法时，销售员应直接向潜在顾客说明情况并提出问题。一般情况下，你只需要简单地提出问题或阐明观点，就能了解顾客的想法，从而为顾客提供优质的销售服务。

一名冰淇淋原料销售员向冷饮店经理推销时，首先提出这样一个问题："您愿不愿意每销售 1 加仑冰淇淋就节省 40% 的成本？"

对于冷饮店经理来说，减少投入就是增加利润，他肯定很想听听这到底是怎么回事。通过这样的开场，销售员可以第一时间赢得顾客的关注，接下来，他就可以详细介绍如何降低成本，如何增加口感。因为销售员所提供的产品利益恰是顾客所需要的，通过销售员详细介绍之后，双方往往就能顺利地达成交易。

因为顾客的购买目的是解决问题或者获得利益，而利益接近法就是围绕顾客的利益点进行设计的。这是销售员使用此方法的重点，也是难点。

一般情况下，只有一种或两种购买欲望能影响顾客的购买决策。销售员必须明确顾客的购买欲望，并且将这种欲望付诸实施。

值得注意的是，顾客的身份不同，他们对购买欲望的敏感点也可能不同，这就需要销售员认真观察、抓住重点。

使用利益接近法时，销售员要着重把产品能给顾客带来的利益放在第一位，首先直接表达出来，从而使顾客产生兴趣，这符合顾客消费中的求利心理；其次，销售员推荐的产品要符合顾客的心理诉求。

利益接近法的核心是指明产品能给顾客带来利益，这就对产品提出了很高的要求。一方面，产品自身必须具有一定的吸引力，能引起顾客的注意。如果产品毫无特色，纵使销售员说破嘴皮也很难打动顾客。

另一方面，产品本身要能经得起顾客的反复检验。如果产品的品质和性能经不住顾客的检验，不仅会影响成交，还会影响销售员在顾客心目中的形象——无论前期销售员说得多好，最后经不起顾客的检验，只会让顾客对销售员的印象变差，甚至对产品失去信赖。

＞麦吉尔定理：不同类型顾客的购买心理

美国一家知名风险公司前总经理麦吉尔提出过这样一个观点：每一位顾客都用他自己的方式看待服务——有千只舌头，就有千种口味。这一观点被称为"麦吉尔定理"。

麦吉尔定理就是"千人千面"。当销售员面对顾客时，要考虑到每位顾客自身的情况，如果销售员企图"一招鲜，吃遍天"，那现实肯定会给他一个沉重的打击。

著名销售大师凯比特说过："每个人讲话的力量都是巨大的，它能把不可能变成可能，把不利变成有利。不同的人有不同乐于接受的方式，所以要想使自己被别人接受，达到推销自己的目的，就必须了解对方乐于接受什么样的方式，针对他们的不同采取不同的话术，研究并熟悉他们，努力扩大应对的范围，优化应对方法。"

在进行推销的过程中，推销员要仔细分析顾客的类型，对于不同类型的顾客要采用不同的推销方法。

从购买决策的角度来说，顾客可以分为以下几类：

1. 拖延型顾客

这类顾客的特点是能拖就拖，直到万不得已时才做决定。对于这类顾客，销售员应该强调产品的重要性，唤起顾客的购买意识，适当地进行"催单"，让他们意识到机不可失，时不再来。

2. 当机立断型顾客

这类顾客看到能满足自己需求的产品，会立即做出购买决定，不会过多比较和犹豫。针对这类顾客，销售员应在平时跟他们保持良好的关系，以使他们在产生购买需求时第一个想到你。

3. 人情型顾客

这类顾客购买产品时喜欢找熟人或者关系好的销售员。对于这类顾客，销售员在与他们保持良好关系的同时，最好能让他们欠你人情。

4. 主观型顾客

这类顾客的主观意识非常强，对产品往往有一定的了解，知道产品的质量或者价格等相关因素，也对销售员所推销产品的竞争产品有所了解。面对这类顾客，销售员最好的沟通办法是认同他们的某些看法，适当地恭维他们，伺机提出自己的见解以求与他们达成共识。

5. 比较型顾客

这类顾客喜欢不断地收集信息，来决定应该购买什么产品和向谁购买。针对这类顾客，销售员应该准备好充分的资料，尤其是竞争对手的资料，有理有据地说服他们。

6. 利益型顾客

这类顾客非常看重产品能否满足自己的需求，也看重产品背后的利益。针对这类顾客，销售员要将产品的性能和质量进行详细地介绍，并不断强调产品确实能够满足他们的某些需求。

7. 敌意型顾客

在实际工作中，销售员最怕面对敌意型顾客，他们只会说带有敌意的话，似乎他们说话的唯一乐趣就是挖苦别人、否定别人。对于这类顾客，销售员最佳的应对方法就是保持平常心，然后根据他们提出的问题有理有据地进行说服。

　　某宽带区域代理公司销售员李明在某小区进行宣传时，遇见一位中年妇女气势汹汹地说："你们在小区里进行宣传是不合法的。"

　　对于这一质问，李明没说话，只是赔着笑脸。中年妇女接着说："你们公司的网速太慢了，收费还那么高。"

　　等顾客指明问题后，李明开始一一解答："我们公司的收费都是按照国家标准进行划分的，至于您说的网速慢，可能跟其他因素有关，比如说电脑的配置、外界环境的影响比如电流、光纤接入设备等，如果您有这种问题的话，我们可以免费上门解决。另外，我们公司的资费在同行中算是便宜的了，不信我给您算算……"

　　听完李明的解答，妇女突然变得和善起来："是这样啊！那就给我家装一下宽带吧，我也听说了，你们公司的服务算是最好的。"

　　这件事告诉我们，只要摸准顾客的"脉"，世界上就不会存在难以沟通的顾客。每位顾客被说服的方式都不一样，只要你使用适合顾客类型的沟通方法，再难缠的顾客都能轻松搞定。

　　你要明白，没有不能被说服的顾客，只有不了解顾客的销售员。

> 曼狄诺定律：每位顾客都喜欢微笑服务

美国作家曼狄诺曾经提出这样一个观点："微笑能够换取黄金。"在经济学上，还有一个著名的"微笑理论"。由此可知，微笑有着非常大的魔力。

在日常生活中，微笑服务被所有人重视，不管是在商场里，还是在职场中，假如微笑服务能贯穿始终，不仅能让对方有个好心情，还能够让对方记住你。

在当今社会，产品竞争激烈，一家公司产品销量的好或坏，一方面在于产品的研发和服务，另一方面在于产品的品牌和营销策略。

那么，什么才是最好的营销和服务呢？答案就是微笑。励志大师卡耐基说过："笑容能照亮所有看到它的人，像穿过乌云的太阳，带给人们温暖。"确实如此，微笑被认为是销售员与顾客交流的润滑剂。

中国有句俗话"伸手不打笑脸人"，就是说因为微笑可以产生亲和力，拉近人们之间的距离。对于销售员来说，微笑可以赢得顾客的信任，获得顾客的赞赏，是订单成交的法宝。当销售员微笑着跟顾客进行交流时，可以让对方感受到真诚和友好，消除心理戒备；相反，如果销售员每天都板着一张脸，一副爱搭不理的样子，顾客也不愿意搭理他。

"当你微笑的时候，整个世界都在笑。如果你一脸苦相，是没有人愿意跟你说话的。"因此，要想成为一名优秀的销售员，一定要学会用微笑跟顾客打交道。

小黄是某保险公司的销售员。有一次，他向顾客介绍保险时，发现没谈几句顾客就表现出不耐烦，不太愿意继续沟通。面对这样的情况，小黄觉得很没面子，不过他没有放弃，继续面带笑容真诚地说："非常抱歉，如果我的到来打扰到了您，在这里我向您道歉。"

顾客听后，脸色好看多了，他顿了顿说："没关系，我刚才在想别的事情，走神了。"

小黄微笑并带着歉意说："是我的工作不到位，所介绍的产品没有让您满意，请您谅解。"顾客听了后，摆了摆手说："其实，我不是故意针对你。既然你这么有诚意，那你详细地给我介绍一下保险内容吧。"

虽然每个人的思维模式不同，但微笑的效果是一样的，微笑代表友善、亲切、礼貌和关怀。对于顾客来说，销售员表现出如沐春风般的微笑，不管自己是否购买产品，心里都会觉得轻松，并对销售员留下一个好印象。如果销售员整天是一副苦瓜脸，谁也不会成为他的顾客。

张远是一家火锅店的老板，身上随时都装着名片。他的名片很特别，上面除了自己的姓名和联系方式，还有一行字："你微笑，世界就会微笑！"

私下里有很多人观察张远，发现每次他跟别人交谈时都会说一些好听的话，祝愿对方生意兴隆，或祝福对方身体健康，或赞美对方的穿着打扮。顾客、店里的员工都觉得跟他谈话是一件愉快的事，因此，大家都愿意与他交往。这样，他的朋友越来越多，火锅店的生意也越来越红火。

然而，大家不知道的是，以前张远开过一家大饭店，由于菜品新鲜、价格公道，所以生意很好。但饭店经营半年后他就端起了老板的架子，有一次，一位先生结完账问张远周末能不能在他们饭店办酒席，他头也不抬地说："这个我不清楚，问那边的服务员！"

就这样，时间长了，来饭店吃饭的人越来越少，一年后饭店关门了。这件事对张远的打击很大，他十分不解：饭店刚开张的时候生意很好呀，怎么到后来生意却越来越差？有一次，他在街上碰到那位想订酒席却碰了钉子的顾客，对方一语道破："你整天跟人家摆架子，谁还愿意去吃饭？"

张远明白了问题所在，通过两年的调整打算重新开始自己的事业，于是，他开了这家火锅店。店里不忙的时候，他会跟员工聊之前的经历，他强调说，上次创业失败，就是因为他的服务很差劲，缺少真诚和微笑。

在这个故事中，作为饭店老板的张远，最开始因为摆架子没有学会运用微笑服务，最后导致饭店关门。后来，他认识到微笑的重要性，使火锅店的生意红火了起来。

作为销售员，在跟顾客产生分歧时，如果不能用微笑来化解，很可能就会失去顾客，给自己的业绩造成损失。如果销售员用微笑来感染对方，即使这次顾客不需要你的产品，但你的服务会给他留下好的印象，等到有一天他需要产品时，自然第一个就会想到你。

微笑能够帮助销售员增加亲和力，它不仅能让顾客喜欢你，也能让顾客产生购买产品的动力。微笑不需要成本，而且还能为你创造更多的价值。

当然，销售员在微笑服务的时候要做到以下几点：

1. 微笑的时机

销售员与顾客对视时，要微笑地与之交谈。每个人都是潜在的顾客，通过真诚的态度、甜美的微笑影响对方，可以为对方留下好印象。

2. 笑容要真诚

销售员要学会用心去笑。在现实中，有些销售员虽然会微笑，但是他们的笑容非常僵硬，让人觉得不是真心的，没有一点儿诚意。销售员在微笑的时候，还应该学会用眼神跟顾客进行交流，这样才可以赢得顾客的好感，获得顾客的认可。

3. 微笑同时有礼貌

销售员只有边微笑边结合相关礼貌用语进行交谈，才能给顾客留下好印象。通常来说，这样的推销效果要比销售员只说不笑或者只笑不说好很多。

4. 微笑要适度

每个人的笑容有很多种，例如微笑、大笑、皮笑肉不笑、苦笑等，因此，销售员在面对不同的顾客时要展示出不一样的微笑：面对热情的顾客，要笑容灿烂；面对沉稳的顾客，则要微笑。当然，这些笑都要以自然、真诚、尊重为前提。

5. 微笑需要分场合

在跟顾客讨论严肃问题或谈话内容让对方感到不快时，销售员就不能微笑，否则会让对方产生反感。因此，销售员一定要分清场合，该笑的时候再笑。

> 与顾客争辩，你怎能赢得他的好感

有一家保险公司的销售铁律是："不要跟顾客争论。"金牌推销员永远都不会跟顾客争论，因为人的本意并不会因为争论而改变，就像本杰明·富兰克林所说："假如你总是抬杠反驳，或许你可以获得成功。但是，那样的成功是空洞的，因为没有办法获得别人的好感。"

因此，销售员要衡量一下自己的行为，是愿意获得表面上的胜利，还是他人的好感。不要跟你的顾客争论，因为在大多数情况下，争论的结果会让双方都认为自己的想法是绝对正确的。即便争论的结果是你赢了，但这也意味着你丢失了顾客，得不偿失。

有一天，一位女士来到晓晨经营的服装店买了一件连衣裙。半个月后，这位女士又来到店里，对晓晨说："你们家的衣服尺码与正常尺码不一样，我没法穿！"

晓晨连忙问原因，女士说："连衣裙买回去后我一直没

穿，昨天想穿时发现裙子小了，穿着很紧。平时我穿这个尺码一直都没问题，肯定是这件衣服的尺码不标准。"

听完女士的解释，晓晨笑着说："姐姐，我家衣服确实是市场标准的尺码，不存在尺码偏小。看姐姐的气色肯定是有福之人，人缘也很好，经常跟朋友聚会吧？"

晓晨并没有跟女士争吵，而是委婉地说出女士不能穿下裙子是因为最近长胖了。女士也听出了晓晨的意思，回想起最近自己确实参加了很多聚会，不是吃火锅就是吃烤肉，因此一时语塞。

晓晨见状，马上说道："没关系，既然姐姐觉得这条裙子小了，我给您换一件合适的，您看行吗？"女士满心欢喜地答应了，并夸奖晓晨的服务态度好。

销售界有一句行话："占争论的便宜越多，吃销售的亏就越大。"

不管顾客怎么批评你，你都不要跟顾客争辩——就算遇到无理取闹的顾客，也要保持"顾客至上"的心态。因为，争辩不能说服顾客，就像一位哲学家所说："你永远无法凭争辩去说服一个讨厌喝啤酒的人喜欢啤酒。"请看下面一段对话：

顾客："你好，我一直使用你们公司品牌的电脑，感觉产品和服务很好，现在我想了解一下最新款笔记本电脑的价格。"

销售员："您是从电视广告上了解到我们公司最新款的笔记本电脑吗？"

顾客："是啊，不过你们请的代言人长得不怎么好看，而且说话的声音也难听！"

销售员："我觉得挺好的呀，他可是我们公司千挑万选才选出来的，他近期参演的××剧很火呀……。"

顾客："你真是太没品位了，他只不过有一点点小名气罢了。真是的，我是来咨询电脑的，你怎么跟我谈起了明星八卦？算了，我不买了！"

从上面的案例中我们可以发现，销售员就因为广告代言人这样的小事而跟顾客发生争执，惹顾客生气，最后失去了一单生意。

在销售过程中，你一定要热情地对待顾客，不要跟他争辩，错误地认为你可以说服他；反之，你顺从顾客的意思，不同他争执，看似输掉了一场争辩，却能赢得他的好感，让他更加信任你。

面对顾客的责难，不要企图说服对方，最好的办法就是顺从他的意思，要想尽办法引导他说出自己的看法，这样对于双方来说都有好处。因为只有这样，顾客才会觉得自己受到了重视。

处理顾客的异议时，要注意以下三点：

1. 情绪轻松

销售员一定要清楚地认识到，在商品的交易中，异议是必然存在的。当顾客提出异议时，一定要保持冷静，不要动怒，也不要采取其他行动，而是礼貌地对待顾客，笑脸相迎，了解顾客的反对意见。通常来说，可以用的开场白有："很高兴您能提出这么好的意见""您的意见非常合理""您的观察很敏锐"等。

2. 认真倾听

销售员要认真倾听顾客提出的异议，不要有任何干扰，要表现出自己的真诚和友善；另外，销售员要在行动上立即认可顾客的意见，以表示自己对顾客的尊重。

3. 重述问题

当顾客提出反对意见时，销售员可复述他们提出来的意见，以表示自己已经了解。必要的时候，也可以对顾客询问自己的复述是否正确，并且选择顾客反对意见中的某个部分予以诚恳地赞同。

> 每一位顾客都喜欢听赞美的话

人们都喜欢听赞美的话，这是人的本性。卡耐基曾说："人性的弱点之一，就是喜欢别人的赞美。"在生活中，相信每个人都觉得自己有值得夸赞的地方，所以，如果销售员懂得赞美顾客，就会赢得顾客。

赞美并不需要任何成本，我们没必要吝啬赞美。

小霞是一名珠宝销售员，下午刚换完班，一对穿着比较时尚的中年夫妇走近了柜台。小霞微笑着上前跟他们打招呼："这些都是刚到的新款珠宝，请问您是自己戴还是送人呢？"女士说今天是夫妻两人结婚 20 周年纪念日，老公想给她买一件礼物。

"您真有福气，老公对您可真好。您的皮肤保养得这么好，这条彩金项链能够衬托您的气质。"说完，小霞赶紧从柜台里取出项链帮她试戴。

"虽然好看，但是不保值，以后换货不划算。"女士有些不满意。

"彩金有很多好处，不但款式时尚、工艺好不变形，而且常戴常新。结婚周年买的礼物都是非常有纪念意义的，想必您也不会把这么有意义的礼物拿来换货吧？"

女士笑着说："话虽有道理，但它还是没有黄金保值。"

小霞接过女士的话说："我想您已经有黄金、铂金这类首饰了，可您为什么不戴呢？是不是因为它的传统款式令您不满意？我给您推荐的这款彩金项链，正好符合您追求高品位、追求精致生活的愿望。"

经过小霞的一番介绍，女士有点心动。思考了一会儿，她笑着说："刚才去的几家店介绍的珠宝都不适合我，还是你的眼光独到，就拿这条项链吧。你再帮我介绍一款戒指，我相信你的眼光。"

小霞帮他们把戒指挑好，女士付款后，说："谢谢你，小姑娘，你嘴巴真甜，冲着你的服务以后我们还会来的。"

古人云，"良言一句三冬暖"。在销售过程中，小霞通过与顾客沟通，了解顾客购买珠宝的动机后，适度地赞美顾客犹如锦上添花，有利于促成销售，也使顾客在拥有精美首饰的同时享受到购物的愉悦。

真诚地赞美顾客，这是令顾客"开心"的特效药。每当你赞美顾客的身材、成就、特质时，就会提高他们的自我肯定，让他们更加高兴。只要你的赞美是发自内心的，顾客就会对你产生好感，增加满意度。

销售员赞美顾客的内容多种多样，比如穿着、首饰、谈吐、容貌、身材、气质、品位等，只要是自然而恰到好处，顾客的任何方面都能成为你赞美的内容。

李娜原来是学服装设计的，工作一段时间后辞职开了一家服饰店，自己当起了老板。她的店铺位置并不怎么好，但令人惊讶的是，开张不久，她的生意就已经很红火。同行对此非常好奇，很想了解她的经营秘诀，于是偷偷地观察她是怎样经营的。

李娜身材娇小，性格活泼，待人友善，是那种让人一见就喜欢的人。周末一大早，一对年轻夫妇就到她的店里逛。一见有客人上门，她连忙上前热情地招呼。

年轻夫妇看了一会儿，女士便在一件漂亮的大衣前停下了。见此情形，李娜适时地走上前去，得体地向他们推销起来。听了李娜的介绍，两人更加心动了，不过，女士还是表露出遗憾的表情："这件大衣确实不错，可惜太贵了。"

"价格方面有商量，关键是合不合身，如果您穿起来不合身，不能彰显您优雅的气质，即使送给您也没用，对吧？现在您试穿一下吧！"

等女士试穿完，李娜问："您觉得这件衣服怎么样？"

女士满意地说："穿上效果很好，只是价格太贵。"

"您肯定明白这样的道理：一分钱一分货。其实，您也可以这样想，您把这个价格除以5，因为这件大衣您至少可以穿5年，这样算下来一年就没有多少钱了。

"而且，当您参加同学的婚礼或其他重要活动时，这件品位出众的大衣一定会令您增色不少；同时，漂亮的穿着会让您先生赏心悦目，探亲访友也让您先生倍有面子。您说是不是？"

李娜一边说，一边观察夫妻俩的神色。这时候，虽然男士没说什么，但脸上的表情已经出卖了他——他想为妻子买下这件大衣。

于是，李娜又说："您真幸运，很多人到这儿都看上了这件大衣，可惜并不适合每个人穿，只有您的气质与品位跟这件大衣很配。"李娜这一番话说得女士心花怒放，最后她决定买下这件价格偏高的大衣。

销售往往就是这样：赞美顾客，产品就可能畅销。

平时在跟顾客交谈时，李娜总是懂得察言观色，善用得体的语言去夸奖对方。所以，顾客都很乐意听她说话，很多人不仅成了她的回头客，而且经常帮她推荐新客户。长此以往，李娜的生意越来越红火。

　　每个人都希望得到赞美，因此，得体的赞美会让对方对你产生好感。所以，销售员应该对顾客多说一些赞美的话，也许这只会花你几分钟的时间，但会给你带来意想不到的回报，更会增进你与顾客之间的感情。

第 二 章

破译顾客的行为密码，读懂他的身体语言

从事销售行业的人首先要清楚的就是客户
随时变化的表情。只有及时洞察客户的心理变
化，了解客户的心思，才能更好地把握客户，
促成交易。

> 透过顾客的眼睛，看到他的内心独白

眼睛是心灵的窗户，顾客心里想什么，通过对其眼睛的观察就能够明白。一个人可以说谎骗人，但眼睛却不能骗人——眼睛传递的信息是最真实的，也是最有价值的。

琳琳在一家百货公司的化妆品专柜做销售员。有一次，一位女士在她的专柜看了很久，然后拿起一套化妆品试用。琳琳认为这位女士一定是准顾客，于是，她认真地为女士介绍这款化妆品。琳琳前前后后讲了十几分钟，然而，女士只是睁大眼睛盯着她，不说话。等琳琳讲完后，女士考虑了一会儿，还是放弃购买这套化妆品，转身离开了。

琳琳很纳闷儿，女士明明很喜欢这款化妆品，而且自己还详细地给她做了介绍，为什么最后她放弃购买了呢？

在销售过程中，销售员想要抓住顾客的眼神并不难，但是，正确解读顾客眼神中的信息就很难了。从眼神中了解顾客的心理活动，这有助于销售员完成交易。

实际上，当女士睁大眼睛一直盯着琳琳看时，就已经表现出了她的态度和情绪。琳琳虽然注意到了这一点，但她并没有正确解读出背后的意思。

众所周知，眼神能反映一个人的心灵，对销售员来说，观察顾客的眼神，从而分析对方的心理变化，也是一种完成交易的必要手段。即使顾客的眼神转瞬即逝，我们也可从中观察到很多信息，看到他们丰富的情感和意向，从而掌握他们内心深处的秘密。

眼球的转动，眼皮的张合，视线的转移速度和方向，以及眼睛与头部动作的配合，这些动作都在不断地传递着信息。所以，在跟顾客交谈的过程中，销售员一定要从顾客的眼睛里找到有用的信息。

周影在一家英语培训机构上班，每天下午她要到街上做宣传。她拿着宣传单，微笑着对路人说："您需要提高英语吗？""您对英语感不感兴趣？"

这时，一名女士带着女儿路过，周影上前亲切地向她询问。女士连连摆手："我不需要学习英语。"

周影赶紧说："提高英语可能会对您的工作有帮助。"

"我的职业用不到英语。"女士用充满不快的眼神看着周影，拉着女儿准备快步离开。

　　"我们机构还有少儿英语辅导班，您可以了解一下。"听了这话，女士停住了脚步。周影从女士眼神中感觉到犹疑，便递给她一张宣传单，继续说："少儿班都是外教老师教学，这对提高孩子的口语水平很有帮助。"说着，她亲切地跟女孩打了声招呼，问道："小姑娘，你今年上几年级呀？"

　　女孩回答："三年级。"

　　"学习英语对于大人来说可能没有那么重要，但是对于孩子来说很重要。学校老师教得再好，也是'中式英语'，您的女儿在这个阶段学什么都快，如果能跟外教老师学习，那以后她就能说标准英语。"周影看女士的眼神变得友好多了，继续说，"现在的竞争力很强，将来孩子想出国留学或旅游都需要英语来交流。正好，现在少儿班正在上课，您可以带着孩子免费旁听，感受一下上课氛围。"

　　就这样，周影说服女士旁听了一节课，这也让女士意识到"中式英语"和标准英语的差别，然后给女儿报了一个学期的辅导班。

　　在销售中，销售员可能会遇到防备心强的顾客，也可能会遇到和蔼的顾客。通过眼神判断顾客的心思，有助于销售员更好地进行销售。

　　下面就来解读几种不同眼神的含义。

1. 直盯着销售员看

你在跟顾客交流时，有时候顾客会直盯着你看。很多销售员都将此理解成顾客对产品感兴趣，但是，最后顾客并没有购买。

事实上，顾客在盯着你看时，是因为他们对你的话或产品有质疑。假如这时你会错了意，销售就很容易出现问题。就像前面案例中的女士一样，她一直盯着销售员琳琳看，就说明她对产品有所怀疑。但是，琳琳却暗自高兴，以为女士对产品很关注，结果导致对方离开了。

2. 眨眼的频率

在人际交往中，当一个人不赞同你说的观点时通常会挤一下眼睛，这说明对方对你说的不感兴趣，假如你仍继续讲下去，一定会引起对方的反感。这时候要积极地改变策略，转移话题，通过另一种方法来说服对方。

如果你发现对方眨眼的频率变快了，那么就表示对方在考虑你的产品，你的话起到了一定的说服作用，对方有点动心了。

3. 斜眼看销售员

当顾客的目光变得游离，从你的身上转移到其他地方，或者斜着眼睛看你，就说明他对你或产品有了兴趣，希望进一步合作。当然，顾客也有可能是对你很厌烦，有了警惕心理。因此，这时候就需要你细心地观察和分辨。

通常来说，假如顾客斜着眼睛看你，他的眉毛轻轻上扬或带着微笑，那就可能是认可你，或对产品感兴趣。这时，你一定要抓住时机，趁热打铁，促成交易。假如顾客的眉毛压低，眉头紧锁或嘴角下拉，说明他对你的敌意增强了。此时，你要想办法消除顾客心中的疑虑，重新将顾客的兴趣吸引过来。

总之，顾客的眼神能反映出他们的很多想法，而眼神要比他们的语言可靠多了。销售员应该学会准确判断顾客的眼神，从他们的眼神中获取信息，以便在洽谈业务时取得事半功倍的效果。

> 头部的摆动蕴含着很多信息

头部动作通常比较简单，没有太多的变化，但是它蕴含的心理变化却非常重要，因为这些动作能反映出一个人的心情和对事情的态度。然而，人们在交谈中往往最容易忽视这一点，因为头部动作是随着语言的发生而不自觉产生的。

一个人的头部动作所表现出来的情感体验的反应是最大的，头部动作可以将惊讶、愤怒、恐惧、悲哀、憎恶、好奇等多种感情都表现出来。所以，销售员可通过顾客的头部动作来判断他们的内心活动。

李霞是一家旅游公司的员工，有一天，经朋友介绍，她去拜访某公司的杨经理，因为这家公司周年庆要组织全体员工出去旅游。双方入座后，李霞把公司能提供的服务、价格优惠、旅游路线、安全问题等都说了出来。杨经理不断地点头，又不时地将头斜向一边，用手托着下巴思考。李霞至此马上结束谈话，将合同拿出来请杨经理签字。

李霞是怎么让杨经理直接签单的呢？原来，她一直记着自己刚入此行业时，培训老师这样说过："假如顾客在跟你交谈的时候频频点头，那就表示他认可你的说法，这时候只要将合同拿出来，就能够顺利地让顾客签单。"

你看，销售员通过对顾客头部动作的观察，可以获取很多有用的信息。美国一位心理学家说过："假如针对面部表情进行判断，很容易出现解读失误，但是通过对整个头部的动作进行观察，就很容易得到真实可靠的信息。"

在销售活动中，销售员要特别留意顾客的头部动作，就算是非常微小的动作也要细心观察，也许就是这个动作决定了最终能否交易成功。

黄浩是一家广告公司的业务员。一次，他为顾客钟先生介绍公司的广告设计方案时，正准备拿出文件向对方讲解，他看到对方有一个不经意的侧头动作（这是不耐烦的表现），于是他马上调整方案，打算简单介绍。然而，介绍时他还是表述了很多烦琐的细节，此时，他又看到钟先生的另一个低头动作，并且表情也逐渐焦虑起来，于是他就找借口去洗手间，实际上跟钟先生的秘书做了简单的沟通。

原来，前段时间钟先生一直出差，已经很久没跟家人团聚了，而今天恰巧是他女儿的生日，女儿就在休息室等他，他的心思根本就没在会谈上。知道了这些，黄浩马上回到办公室，还没等钟先生说话，他就表达了自己的歉意，并说明自己占用了对方太多的时间，期望下次再谈。

本来这次会谈是双方约好的，这样一来，钟先生反而有点不好意思，不仅消除了对黄浩的负面情绪，而且对他有了好感。就当时的情况来说，黄浩的报价没有太多的竞争优势，但他成功地让钟先生对自己产生了好感，所以钟先生愿意选择与他们公司合作。

头部动作无非就是点头、摇头、低头、把头偏向一边等，那么，这些常见的动作蕴含了怎样的心理信息呢？

1. 点头

很多时候，点头就是赞许和认可的意思，是对人或事的肯定。

在你跟顾客交谈的过程中，顾客不断点头，这就说明顾客对你的产品或服务是肯定的，希望你继续说下去——顾客点头向你传递了一种积极的信息。当然，你也不能忽视顾客点头的频率，假如频率太快，说明顾客有点反感，希望通过频频点头来快速结束谈话。这时，你就要识趣地停止推销，以免让对方产生情绪，导致合作失败。

2. 摇头

摇头也就是否定的意思。当你跟顾客交谈的时候，看到顾客不断摇头，说明顾客对你的产品或服务持有否定的态度。

很多时候，顾客出于礼貌不会当场拒绝你，虽然他们嘴上说："我对你的产品很感兴趣……我们一定会合作愉快的。"但是，在说话的时候夹杂着摇头动作，那就表示对你的否定。因此，在销售过程中，你一定不要以为顾客说的都是真话，有时候他们为了照顾你的面子不会说心里话。

3. 低头

低头和摇头是一样的，也是在传递否定的信息，只不过，这种否定的表达没有那么直接。很多时候，对方不方便拒绝你，但又不想与你合作才会表现出这样的情绪。

事实上，很多人在低头的时候都会有一种不满或者不愉快的情绪。在跟顾客的交谈中，假如你发现顾客低头、默不作声，就要尽快找到问题所在，妥善地解决。只有让顾客跟你正常交流，才有机会达成合作。

4. 头部倾斜

顾客谈话时将头向一侧倾斜，这种姿势一般是顺从的意思。只有当顾客端起认真的态度，你说的话他才愿意听，进而影响他的行为。

假如你发现顾客歪着头，身体前倾，并且做出用手接触脸颊的思考手势，这就说明顾客信任你了。此时，你要抓紧时间跟对方谈条件，签合同。因为，顾客所考虑的是能从你那里获得多少利益，并不会考虑自己要付出什么代价，这时签合同，他通常不怎么会讨价还价。

在聆听顾客发言的时候，你不妨做一些头部倾斜或是频频点头的动作，这样顾客就会觉得你认同他、信任他。当然，还有一些细微的头部动作也需要仔细观察，虽然这些小动作很不起眼，但对一名销售员来说，是了解顾客心态的关键。

> 通过坐姿，看清顾客的心理变化

在销售过程中，销售员经常会遇到顾客坐在那里默不作声的情况，这时，有些销售员就不知道该怎么办了。其实，这恰恰是销售的好时机，因为一个人的坐姿反映的不仅是他的性格特征，更多的还有他的心理变化。

在交谈时，双方不但能够通过对方的声音、表情来推测其心理变化，也可以通过坐姿了解对方的心理活动。这时候，只要我们多观察顾客的坐姿，了解此刻他们的心理变化，对销售行为进行相应的调整，就能够轻松达成交易。

孙超是一名 4S 店的汽车销售员。有一天，一位男士走进店里，孙超上前询问后，给对方进行了对比介绍。了解得差不多后，男士跟着孙超来到休息室，然后坐在沙发上，直着身子认真听孙超介绍汽车的性能。

在讲述的过程中，孙超发现男士的性格比较内向，有些拘谨，于是，他就主动缓和气氛，讲了一些轻松的话题。很快，两个人的谈话变得自在多了，男士也很自然地靠在了沙发背上。

孙超发现男士的这一行为后，又慢慢地讲到近期购车优惠力度大。果然，男士被吸引了，他的身体离开靠背向前微倾，似乎怕听不清楚一样。孙超知道，男士现在已经有了购车的想法，于是及时劝说。最后，男士当天就交钱提车，完成了交易。

善于掌握坐姿反映出的信息，并且能够积极地改变销售策略，迎合顾客的心理变化，这样才能让交易顺利进行。

从顾客的不同坐姿中，我们能够发现他们的某些心理特点、个性和态度。但是，在现实生活中，顾客不会保持一个坐姿不变，我们要学会随着交流的进展、心情的变化来改变销售策略，及时从顾客的坐姿变化中看到他们的心理变化。

有的人坐下来后习惯将左腿搭在右腿上，将双手交叉放在大腿两侧。一般来说，这种坐姿的人大多头脑聪明，比较有自信，有自己的见解、主张，具有一定的领导才能，很难被说服。但是，当他身居高位时又会表现得妄自尊大、得意忘形，这时候他会不满足于现状，渴望到达更高的职位。如果遇到这样的顾客，你一定要不卑不亢、真诚坦率。

有的人坐下来后，他的腿脚会规矩地靠拢在一起，双手交叉放在大腿两侧。这类人一般思想较为保守，在为人处世上都比较古板，不会轻易接受他人的意见。有时候，虽然他知道别人说的是对的，但依然会坚持自己的看法。这类人往往崇尚完美，不管做什么事情都希望尽善尽美，但他只喜欢挑剔他人，对自己则没有太多的要求。如果遇到这样的人，你一定要留个心眼。

还有一部分人坐下来后习惯把两膝并在一起，两腿分开，呈"八"字形，两手并拢放在膝盖上。有这种习惯的人通常都是女性，很多时候会表现出不自然、不大方、不自信。这类人感情比较细腻，跟她们交谈的时候，可以通过幽默的方式来化解其紧张的情绪。

有的人坐下来后习惯将右腿搭在左腿上，两腿重叠靠拢，双手交叉放在右腿上。这种人通常会给人一种平易近人的感觉，让人产生容易交谈的错觉。实际上，这类人往往不是爱摆架子、对人爱答不理，就是表面上说得天花乱坠，背后一点实事也不做。跟这样的顾客打交道，你要特别谨慎小心！

有的人坐下来后习惯敞开双腿，两只手随意放置，没有固定的地方，这是开放式的坐姿。这类人的性格通常较为外向，说话、办事干净利索，不拘小节，有一定的领导风度，组织管理能力也较强，甚至还有支配欲。他们喜欢追求一些新事物，渴望引导潮流，容易被一些新事物所吸引，不想按照老观念、老方法做事。跟这类顾客交流，你很容易得到他们的信任。

还有一些人坐的时候习惯将两脚交叉。如果男性这样坐，他通常会握起双拳放在膝盖上，或者会用双手抓住椅子的扶手；如果女性这样坐，她通常会在双脚交叉时把双手自然地放在膝盖上，或者是把一只手压在另一只手上。这类人都比较冷静，不容易表露自己的真实情绪，在交流中可以为了控制内心情绪的波动而表现出镇定的一面。跟这样的顾客交谈，你的真诚就能赢得他们的信任。

有的人习惯侧身而坐。这类人通常比较乐观，大方自信，生活积极向上，不拘小节，很招人喜欢。不过，他往往缺乏耐心。跟这类顾客交流，你最好言简意赅，不要惹人烦。

那些习惯将身体蜷缩在一起、双手夹在大腿中间坐的人，通常都有自卑感。跟这类顾客交流，如果他们认同你的看法，不如大胆地帮他们做决定。

还有的顾客坐在椅子上摇摆不定，无法安稳，那说明他可能有心事，内心十分焦躁；或是他对双方的谈话不在意，不愿意继续听下去。面对这样的顾客，你不如先退出，过后再找个时间沟通。

销售员要懂得从顾客的坐姿中找到有价值的信息，从而为自己的销售工作提供帮助。只有了解了顾客坐姿所反映出

的心理变化，我们才能更好地选择销售策略，从而增加成交
的可能，提高销售业绩。

＞察言观色，了解顾客真正的意图

要想跟顾客愉快地交谈，并让对方对你敞开心扉，就要
让顾客对你产生好感、信任你。然而，实际生活中，你与顾
客大多是初次见面或是了解不深，在这种情况下，如何才能
做到一语中的地说话呢？

没关系，也许此前你并不了解某位顾客，但只要你能做
到察言观色，就能很快地了解对方的所思所想，从而把话说
到他的心里去，让他感动。

作为一名房产经纪人，约翰的工作非常出色，他总能在
残酷的市场竞争中成功交易——几天前，他就给来美投资的
李先生选了一套满意的房子。为什么约翰能够做到这么优秀
呢？这与他察言观色的本领是分不开的。

李先生之前跟着很多经纪人看过房子，但始终不太满意。

那天，约翰带李先生去看房，先看了一套公寓。李先生皱皱眉头，说："这还没有我在北京的房子大呢！"约翰赶紧调转话题，问："您喜欢独栋别墅吗？别墅住起来跟这种公寓是完全不同的感觉，非常自由。"

李先生眼前一亮，说："我听说独栋别墅通常都在郊外，会不会治安不好？将来万一孩子要来美国读书，会不会离学校太远呢？"

约翰琢磨了一下，说："哦，我明白了，您不只是投资房产，还考虑到也许将来孩子会来美国读书，是吗？"

李先生点点头，说："之前我也看了好几幢独栋别墅，但是地理位置都不太理想，不但离学校远，而且周边没有完善的基础设施，购物也不方便。如果让我去趟超市需要开车一个多小时，我肯定会抓狂的。"

约翰笑了起来，说："现在我了解您的需求了。如果您方便的话，我可以马上带您去看几套符合要求的别墅。"李先生没说话，算是默许。

约翰带着李先生又看了两套房子后，李先生都没有说出什么意见。直到看第三套时，李先生看得非常仔细，而且还特意询问房主房子里面有没有白蚁。

约翰心中暗暗高兴，觉得李先生看上了这套房子。原本他准备带李先生再看一套更贵、更好的房子，但担心价格会超出李先生的预期，进而犹豫不决。因此，他索性选择结束看房，并且对李先生说："我给您看的这第三套房子，是所有房子里条件最好、性价比最高的。"

果不其然，李先生在考虑一天之后，决定购买这套房子，还非常感谢约翰给他找到这套各个方面都很合适的好房子。

其实，从事销售行业的人首先要清楚的就是顾客随时变化的表情。只有及时洞察顾客的心理变化，了解顾客的心思，才能更好地把握时机，促成交易。

在人际交往的过程中，我们要做到察言观色，即便达不到参透他人心思的程度，也要看出他人的心理变化，这对我们与他人的交往能起到积极的推动作用。

> 敏锐捕捉顾客的购买信息

有一次，美国著名作家马克·吐温在教堂听牧师演讲。最初，他觉得牧师讲得很好，令人感动，准备捐款；过了

10分钟，牧师还没有讲完，他有些不耐烦，决定只捐一些零钱；又过了10分钟，牧师还没有讲完，他就决定一分钱也不捐；等到牧师结束冗长的演讲开始募捐时，他非常气愤，不仅未捐钱，还从盘子里拿走两美元作为精神损失费。

这个故事背后反映的是心理学中的超限效应，指刺激过多、过强或作用时间过久，从而引起心理极不耐烦或逆反的心理现象。

在销售谈判中，最为可惜的就是，顾客已经透露出成交的信号，可销售员没有抓住，而是持续推销，最终招致顾客腻烦而放弃签单。

李响是一家旅行社的接待员。有一天，门店来了一位中年男士杜先生，他进店后询问有没有适合一家人游玩但没有强制购物的旅游团。通过穿着打扮，李响看出杜先生有一定的经济基础，于是问他家总共有多少人出游，杜先生说是一家四口。

李响拿出旅游宣传册向杜先生介绍一款海岛游轮的高端游产品和一款适合孩子玩乐的普通游产品。杜先生对李响介绍的这两个旅游项目都很满意，因此又询问具体细节。

最后，李响发现杜先生更倾向海岛游轮的项目，对方也准备报名了。这时，李响觉得应该多跟杜先生拉拉关系，以便让他成为自己的长期顾客，追问道："杜先生，一看您就是成功人士，请问您在哪里高就啊？"

"我并不是什么成功人士，就是普通上班族。"杜先生说道。

"您怎么不是成功人士呢？您的穿着、举手投足一看就相当有范儿。"李响继续夸奖道，"您的年薪肯定有好几十万吧？"

杜先生皱起了眉头，显然他不想跟李响谈论工作，更不会向他透露自己的薪资问题。但李响没有发现这一点，继续说："像您这样的成功人士，还能陪着老婆孩子一起旅游，做这么贴心的安排，真是难得啊！"

听到这里，杜先生原本前倾的身体向沙发背一靠，然后对李响说："你介绍的旅游项目很吸引人，但我得回去跟老婆孩子商量一下，看他们有什么想法，之后我再跟你联系。"说着，他站起来朝李响礼貌地笑了笑，转身离开了。

杜先生原本想报名参加这个旅游项目，结果却放弃了，原因何在？就是因为李响一直打听他的工作和家庭，让他感到不耐烦，最终放弃了在这家旅行社报名的想法。

在销售谈判中，销售的最终目标是签单，可很多销售员由于没能准确地把握成交时机而失败；还有一部分销售员不注意跟顾客交流时的一些细节，使顾客最终放弃交易。

在销售过程中，什么是最佳成交时机呢？大家要注意以下两种信号：

1. 顾客购买的语言信号

当顾客集中在一个产品上再三询问时，说明他已经产生了购买欲；当顾客征求同伴的意见时，说明他想购买只是自己拿不定主意；当顾客讨价还价时，说明他已经有购买的想法了，只是想图便宜；当顾客开始询问售后服务时，说明他已经准备掏钱包了，只是想最后确认一下。

2. 顾客购买的行为信号

当顾客听完介绍不再发问时，说明他可能在设想产品使用的情景；顾客开始注意销售员的言行，不住地点头时，说明他对产品非常认可；顾客不停地观察或操作产品时，说明他在打消对产品的疑虑；顾客在东摸西看观察产品有无瑕疵时，说明他在为掏钱包做最后的确认。

捕捉到顾客的购买信号后，销售员及时抓住时机才能尽早成交。在这个阶段，销售员一定要把握如下原则：

（1）一旦捕捉到顾客的购买信号就不要继续介绍新产品，以免顾客产生选择困难心理。

（2）逐步缩小选择产品的范围。当顾客想要购买产品时，最好要把他选择的产品定格在 1 ~ 2 款上，以免搞得他犹豫不决。

（3）确定顾客最喜欢的产品。销售员心里要有一杆秤，看准哪个是顾客最喜欢的产品，然后重点推销，这样容易得到顾客的认可。一般来说，顾客注视时间最长、触摸次数最多、询问次数最多、挑剔次数最多的产品就是他们最喜欢的产品。

（4）针对顾客最喜欢的产品，销售员要集中介绍产品的卖点，特别是抓住产品本身的特点，然后给顾客分析它的优势，促使顾客做出购买决定。

（5）做出适当的让步。有些顾客也不是买不起产品，只是希望能在价格上得到优惠，图个心理平衡。面对这样的顾客，可以在卖场、公司政策允许的范围内做出适当的让步以促成交易。

> 听顾客说话，要听懂他的弦外音

在销售过程中，倾听对于成交结果来说非常重要。听顾客说话，不仅要听懂他说的内容，还要听出他的弦外音。通常，弦外音才是顾客真正想要表达的意思。

实际上，销售工作就是读懂人的工作。

销售员不仅要了解顾客的需求，还要正确领悟顾客的言外之意。不管顾客是应允还是询问，他的每句话都有言外之意——一名优秀的销售员就要抓住这些弦外音，掌握顾客的心理变化，从而引导他完成交易。

张杰是 A 公司的业务员，公司主要负责高级公寓内游泳池的清洁，还包办小区的景观工程。B 公司的产业则包括了 12 幢豪华公寓大厦，张杰就向 B 公司董事长吴先生介绍 A 公司的服务项目。刚开始的时候，张杰的介绍还比较顺利，可后来吴先生就有意见了。

吴先生对张杰说："我看过你们公司的服务水平，花园维护得非常好，游泳池也清理得特别干净。但是，一幢楼一年你们收费 10 万元，真的是太贵了！"

张杰赶紧说："不贵呀，我们的服务价格是符合市场价格的，其他公司也都是这样的价格，怎么可能贵呢？"

吴先生说："也许一幢楼 10 万元的服务年费并不贵，但是我公司的产业多，一下子无法支付这么多钱，哪怕你能够找出一个变通的方法，我也愿意接受。说实话，我很喜欢你们公司所提供的服务，但以现在的价格来看，我真的付不起，一次性付费压力太大了。"

张杰想了一下，不确定对方是不是真的想谈这单生意。本来这个价钱是非常公道的，但看对方一副很难接受的样子，那就放弃吧。于是，他说："吴先生，我们的价格实在是不能再降低了。"

吴先生只能说："那好吧，等有机会了再合作。"就这样，生意谈失败了。

我们能够从吴先生的话中听出，他并不想放弃这单生意，只不过想找个方法解决。然而，张杰并没有听出来，他一口回绝了，最后导致交易失败。

过了一周，A公司又派业务主管刘瑞继续跟吴先生谈，结果怎样呢？

吴先生对刘瑞说："我在很多地方都看过你们公司的服务，非常棒，但一幢楼一年收费10万元，真的是太贵了！"

刘瑞明白对方的顾虑，心想：吴先生是有心做成这笔生意的，只是觉得一次性付清120万元太贵了，我得赶快找到其他方法解决问题。

刘瑞换了个话题问："既然是这样，那您满意贵方现合作公司的服务吗？"

吴先生说："很不满意。他们把花园整理得非常差劲，住户也是交了费用的，他们不希望自己住的地方乱七八糟的。虽然我跟现合作公司提了很多次，但是他们依然没有改进。"

刘瑞说："那您就不害怕住户搬走吗？"

吴先生说："当然害怕。"

刘瑞说："每间公寓一个月的租金是多少钱？"

吴先生说："户型不同，价位也不一样，平均下来每个月大概是 7000 元。"

刘瑞说："就是说，一个住户每年要付给您 84,000 元。您知道，好的住户很难找，所以，只要可以多一些好住户，您再多出 2 万元不是非常值吗？"

吴先生说："确实是这样，但是一幢楼我一下子付出 10 万元，这样我会不踏实。"

刘瑞说："要不这样，您分两次付款，把整理花园和清洗泳池的费用分开来结账，这样您就可以踏实一些了。而且，您也不会感到资金紧张。"

吴先生说："太好了，我们谈谈什么时候签合同！"就这样，这笔生意被善于听言外之意的刘瑞谈成了。

听懂顾客的言外之意，并且想办法去解决，能让我们更好地为顾客服务，还能取得顾客的信任，从而促成交易。

第 三 章

看清顾客的消费心理，让他永远离不开你

顾客乐于追求高价，除了高价物品带来的
优越感，还在于高价物品的质量带来的安全
感。人们通常认为，价格高的物品，其功能、
质量、品牌等也应该不错。

> 打动顾客的，有时只是一个好故事

为产品讲一个好故事，这个产品的形象就会提升一大截，也许这个故事还会成为顾客选择产品的原因。比如，当年海尔给消费者讲了一个砸冰箱的故事，让海尔品牌深入到了千家万户。而最好的故事就是钻石了，如果把钻石当成一个品牌的话，它通过一句"钻石恒久远，一颗永流传"就成为爱情忠贞不渝的见证和代表，成为婚戒上的必有之物。

高端手表品牌百达翡丽，也通过讲述企业故事成为备受人们青睐的品牌。

这是一则广告片，生动地讲述了一块百达翡丽手表是如何成为父子俩之间的纽带的。无论是从文化背景，还是从大众情感上，这个品牌故事感动了每一位顾客，让他们感同身受。而广告片中那句"没有人能真正拥有百达翡丽，只不过为下一代保管而已"更是一语中的，不仅将手表从配饰升华到两代人传承的物品，更让百达翡丽成为高贵、朴实、持久、传承的代名词。

相信大多数顾客看完这个广告片后，都想买一块百达翡丽手表，不是为了好看，而是为了"代代相传"。这就是一个好故事给产品带来的影响力。

由此可见，在销售过程中，销售员不要去跟顾客纠结商品到底值多少钱，因为一旦陷入价格的纠缠中，产品将很难卖个好价钱，甚至很难实现交易。有时给顾客讲一个有说服力的故事，反而会打动他们。

很多顾客购买产品并不完全是为了物质上的享受或满足，有一部分是追求心理上的满足。因此，社会上就出现了一种奇特的现象，很多产品越贵越受顾客追捧，并且越畅销。美国经济学家凡勃伦最早注意到了这一现象，因此，这种情况也被称为"凡勃伦效应"。

现在，越来越多的公司运用凡勃伦效应来进行产品销售。比如，给产品添加一个动人的故事，从而加强消费者对产品的好感，有效地提高市场份额。

在购买产品时，许多顾客的第一反应会把注意力集中在产品的价格上，而最终做出购买决策时，他们关注的往往不是商品的价格，而是价值。如果我们能通过一个故事凸显商品的价值，那么，顾客对价格的异议就像泡沫一样自然而然地消失了。

产品背后的故事可以是产品自身的故事，也可以是与顾客有关的故事。比如，一位白领向销售员抱怨最新款的手机太贵时，销售员如果说："先生，这款手机已经很便宜了，你到任何商场都不可能买到比这更低的价格了……"那么，这名销售员便是在就商品卖商品、就价格谈价格，很可能会遭到顾客拒绝。

事实上，顾客的心理是矛盾的，他既希望少付出购买成本，又希望这部手机很有价值。而销售员就价格谈价格等于否定了手机的价值，这样，成交的概率自然就会很低。

如果销售员换一种方式说："先生，这部手机太适合您了，您出去见顾客，随手拿出来多显身份；您跟女朋友约会，让身边的人看到了，肯定会跟您女朋友说她找到了一个时尚达人；逢年过节时回家，您拿着最新款的手机，爸妈也会觉得您在外地过得很体面，老人就放心多了。"

你看，销售员给顾客描绘了几个他生活中最常出现的场景，而每一个场景都能深深打动他。这样，成交的概率自然会大大提高。

需要注意的是，销售员在否定顾客的价格异议，提出有说服力的故事时，一定要掌握好技巧，不能过于生硬，否则会招致对方的反感。比如，"这个价格你还觉得贵？那是因为你不知道……"这种说辞只会让顾客脸上蒙羞，他很难再听你说下去。

销售员可以用询问的方式向顾客提出问题，引导顾客一步步回到自己所提出的问题上，进而让顾客否定自己的观点，同意销售员的观点。比如，手机销售员可以直接反问顾客："一部让您在女朋友面前有面子、让您在顾客面前显身份的手机，您觉得它值多少钱？"

还有另一种情况，就是销售员先肯定顾客提出的观点，再提一些自己"不成熟的小建议"，这样可以避免顾客产生抵触情绪，使得顾客更加容易接受你的小建议。

在处理这种疑问时，先认可顾客的意见很重要，然后你可以巧妙地使用一个转折词，如"但是"等。

给产品讲一个故事，其实就是通过实事求是的说服，使顾客明白产品的价值高于（或等于）价格；销售员要向顾客说明产品具有什么特征和功能，并指明产品具有什么利益能增加价值，从而激发顾客内心的购买欲。因此，销售员宜多谈产品的价值，少谈产品的价格，有技巧性地把顾客的关注点从价格上引开。

> 短缺心理：如何让顾客竞相购买

人们往往更容易被少见的、紧俏的产品所吸引。

一样产品原本对你没有太大的吸引力，等到有一天你发现它变得越来越稀少的时候，就会觉得它很珍贵。而这种"机会越少，价值越高"的短缺原理，通常会影响人们的购买行为。

周末，张丽去商场购物，路过某品牌手机专营店时，顺便看了看最近上市的新款手机。销售员演示了手机的各种优点，张丽很感兴趣，只是她觉得价格挺贵的，有些犹豫。

此时，销售主管走过来说："此款手机特别火，店里就剩这一部了，如果错过，至少得等两个星期以后再来货。"听了这话，张丽迅速做出决定，先刷信用卡买了再说。

上面的案例反映了短缺因素对产品价值的影响作用，很多销售员都善于利用这一心理给顾客施加压力，使之改变初衷。

　　心理学家曾经做过这样的一个实验：选取 10 个人，让他们面对面地进行谈话。在谈话过程中，心理学家适当地讲一些比较有兴趣的话题吸引他们，另外，还特意安排他人在交谈中给他们打电话，以此来观察被试者的反应。

　　实验结果发现，10 个被试者都不知道是谁打来的电话，但是他们都会中断谈话去接听电话。就算打来的电话一点儿也不重要，并且交谈内容也没有与心理学家交谈的内容精彩，他们还是会去接听电话。就算他们不接电话，也无法像之前那样专心地跟心理学家交谈，他们会变得坐立不安，心里一直惦记着那个未接来电。

　　相对而言，这个电话要比心理学家的谈话更有吸引力。因为每个被试者都觉得，假如自己不接电话，那么就不知道是谁打来的，就会错过电话中的信息。所以，只要电话一响，被试者就会马上中断谈话去接电话。

　　这个实验告诉我们，错过某种东西的想法会让人们感到不安，人们不想错过任何一个获得某种东西的机会。而且，人们害怕失去某种东西，一旦某种东西短缺不再那么容易获得时，就更加想要得到这种东西。

　　比如，想让对方接受你的某种建议或者要求，你就要告诉他不接受会带来怎样的损失，这样要比告诉他接受后能得到什么好处更容易让他信服。

某健康中心为了让人们可以定期到医院做身体检查，就在宣传册上写道："如果您每个月不花时间到医院做身体检查，那么，您很可能得了某种病而不知，这对健康的危害非常大。"

这样写，可以让人感到健康的重要性，明显要比写成"如果您每个月都花些时间到医院做身体检查，您的健康就会得到保障"更能让人信服。这两种方法的效果明显不同，这就是短缺心理对人们行为的影响。

在现实生活中，很多人都热衷于收藏古董。那些古董之所以价值不菲，就是因为它们的稀缺性——罕见，不容易获得。所以说，当一样东西变得越来越稀少时，它就变得越有价值了，这就是我们平常所说的"物以稀为贵"。

因此，商家常会打出"数量有限"的标语——当销售员告诉顾客某种商品供不应求时，顾客反而会立刻购买。

周朝是一名出色的销售员，他在向顾客推销商品时，总能利用短缺商品的吸引力，让打算放弃的顾客做出购买决定。

周朝在某百货公司工作八年了，他遇到过不同类型的顾客，卖过不同种类的商品，但是，不管销售哪一种商品，他都可以取得很好的业绩。他总是告诉顾客某种商品非常短缺，说："这种新款厨具卖得非常火，现在只剩最后一套了，如果现在您不买的话，可能要等很久才有货。""最近这套衣柜非常走俏，工厂的订单都排满了，您应该考虑一下，我不敢保证下次您再来的时候还有货。"

周朝的这套说辞很有效，许多顾客就是听了他的这些话，为了不让自己因错失而后悔，才果断地做出选择，先把商品拿到手再说！这也是周朝成功的秘诀。

数量有限的信息必然会对顾客的购买决策产生一定的影响，销售员要学会运用短缺效应来推销自己的商品。

> 通过"私人订制"，满足顾客的消费心理

一个人不与其他人交流、互换劳动成果，就无法生存。每个人都需要购物，这是由人的社会性决定的，而且我们会越来越享受花钱的感觉，享受购物时的那种冲动。

很多顾客把购物当作一种身份的体现，一种与大众的差异化，一种凸显自身的标志，通过购买某样商品告诉大家：

我有什么喜好，我有怎样的品位，我是什么身份。

从某种意义上来说，消费已经成为一种身份的界定。而销售员正好可以利用顾客的这一消费心理，去满足顾客希望的与众不同，满足顾客通过产品所产生的身份认定。针对这类顾客，将产品与顾客主张的身份属性画上等号，不仅能赢得他们的青睐，完成交易后还可能与之成为朋友。

李晓玲是一名白领，平时穿着打扮优雅时尚。快到国庆节了，李晓玲准备和几个姐妹去三亚旅游，她们看了很多组团游都不合心意，觉得行程就是大家常去的那些景点，没有新意。后来，她们在一家旅行社看到一种"私人订制"的旅行服务：路线、行程、景点、时间，都是她们自己来选择和安排，想怎么玩都随她们，旅行社会根据她们的行程负责安排酒店和车辆。

虽然"私人订制"旅行比一般旅行贵一些，但李晓玲和朋友觉得很值。一路上，她们都在朋友圈晒这趟旅游是多么与众不同。

购物也一样，比如这件衣服独特、稀缺，才更会凸显出衣服的价值。

打扮时尚的年轻女孩彤彤逛到一家服装店，看上了一件风衣，她试穿了一下觉得很合身。导购员看到彤彤试穿后，连忙夸奖道："你穿上这件衣服真好看，好像这件衣服是专门为你定做的一样。"

彤彤在镜子前又转了一圈，觉得衣服很漂亮，就向导购员询问衣服的价格。导购员说："980元。不过这几天我们搞店庆，可以给你打个八五折。"

彤彤没有再讨价还价，直接说："好，给我包起来。"

导购员看到这么快就做成一单生意，很是开心，一边打包衣服，一边说："你真是有眼光，这件衣服的销量很好，很多顾客都买了这款呢。"

"啊？很多人买了吗？"彤彤沉默了一会儿，然后对导购员说，"不好意思，我不想要了。"

在这个案例中，导购员就没有把握女孩的消费心理，认为畅销可以说明女孩眼光好——可谁承想，现在大多数年轻人追求个性，不希望跟别人撞衫。导购员本是无意的一句恭维话，却毁掉了一单生意。

那么，对于这类喜欢与众不同的顾客，销售员应该怎样应对呢？

1. 尽量满足顾客的需求

顾客想要订制就可以订制，想要送货就给他们配送。营销最忌讳的是跟顾客对着干，顾客喜欢什么就要提供什么，违逆顾客的意思就会失去市场。如果一个企业能够制造潮流，引领顾客的消费意向，它的产品无疑会大卖。

2. 注重过程中的感受和体验

iPhone、iPad 最早建立了品牌体验店，为年轻顾客提供不一般的视听享受，激发他们的购买欲。营销需要将理念特质融入娱乐之中，给予顾客更好的消费体验，让他们觉得好玩和有意思。

3. 提供个性化服务

现在的年轻人越来越追求个性化服务，即便是买一件 T恤，也要在上面打印自己的名字或者独特的标语来显示自己的与众不同。而这样的 T恤，价格通常是普通 T恤的两三倍。但这样的消费模式既得到了年轻人的喜爱，还能为商家带来更多的利润。因此，人人会竞相模仿。

> 利用免费策略，牢牢地抓住顾客

人们常说，天下没有免费的午餐，但现在很多商家就是愿意给消费者提供免费体验的服务。难道是商家变得高尚了吗？其背后利用了消费者的哪些心理？商家为什么认为这样做，消费者会更容易做出购买的行为？

根据心理学研究，大部分消费者都是抱着"互惠心理"去购物的，给商家留一些利润，然后买到合适的产品，享受基本的服务。还有些消费者不愿意亏欠商家，一旦受惠于人，就会产生一种亏欠对方的压力，如果能够及时回报对方等值或超值的恩惠，这种压力就会得到释放。

公司楼下新开了一家坚果店，妙妙下班路过时，店员热情地塞给她一包零食。妙妙连连摆手，说自己不需要，店员笑着说："美女，这是试吃装，每个路人都有，您拿着尝尝吧。"就这样，妙妙接受了店员的好意。

一连三天，每次妙妙路过店门口时，店员都会送她一包零食。虽然是试吃装，但也让妙妙觉得占了人家的便宜，于是，这天下班后她走进坚果店，购买了几种坚果。

作为商家，希望顾客在免费体验之后做出相应的"投桃报李"行为。当然，既然提供免费的体验服务，就一定要拿出最好的东西给顾客，使他们有一个绝佳的体验，否则可能会起到相反的效果。

　　说到免费体验，就不能不说体验营销，而免费体验仅仅是其中的一种。体验营销是指通过让顾客看、听、用、参与等手段，充分刺激和调动顾客的感官、情感、思考、联想、行动等感性因素和理性因素，重新定义和设计顾客脑海中的思考方式，最终让顾客实现对品牌认同的营销方式。

　　宜家家居于 1943 年创建于瑞典，"为大多数人创造更加美好的日常生活"是宜家公司自创立以来一直努力的方向。宜家始终与提高人们的生活质量联系在一起，"为尽可能多的顾客提供他们能够负担的设计精良、功能齐全、价格低廉的家居用品"。

　　最近，宜家在澳大利亚开业的新店有点特别，它号称"全球第一个由顾客建造的宜家"。这家新店位于悉尼西部的马斯登公园，粉丝可以在这里申请到一些奇特的职位。比如，如果你有信心在最短时间内把一堆复杂的零件组装成家具，可以去应聘"终极家具组装师"。

　　还有面向小朋友的职位，比如"球池检验师"——就是在儿童游乐场里经常看到的那种装满塑料球、小朋友在里面"游泳"的大池子，因为只有小朋友才知道怎样设计一个完美的球池。

　　宜家所实施的现场体验方式，其实是通过对人们的感官刺激，从而改变人们购买行为过程的方式。鼓励顾客在卖场进行全面的体验，顾客就会感到产品营造了独特的生活方式，进而产生消费的欲望。

无论是开头说的免费体验，还是后来说的其他体验营销，都是通过销售手段达到盈利的目的。在现在的社会中，越来越多的商家开始重视免费式销售，各类免费商品、免费服务、免费体验蜂拥而至，以此来吸引顾客。

> 降价不等于畅销，涨价不等于难卖

一般而言，价格的涨落会直接抑制或激发顾客的购买欲，两者呈反向关系。不过，在较为特殊的情况下，顾客也会产生对价格变动的逆反心理，"买涨不买落"这种现象也经常出现。

当商品降价的时候，一些顾客会认为是商品品质下降了，或是过时、滞销的积压品，而不认同降价行为；当商品提价时，他们又认为是由于商品品质提高，或者商品的价格还有上涨的可能，这时反而会做出购买行为。这也是顾客的一种心理反应。

对于商家来说，让顾客购买产品，同时又不在价格上自我牺牲，实在是一件求之不得的事情。这样，如何才能做到既提高价格又提高购买量，就是一门技术活了。

小光经常光顾小区附近的一家小饭馆，时间长了，他发现饭馆在经营上的一些规律：菜单更换的频率在两个月左右，店主会根据时令适当推出一些特价菜或小盘菜（主要是家常菜），但受顾客欢迎的菜，价格往往会上涨一两元。

周围的餐馆关了好几家，其中也不乏重新开张后又倒闭的，但这家饭馆却一直生意兴隆。小光觉得很奇怪：更换菜单，推出特价菜、小盘菜，可以说饭馆老板懂得迎合顾客需求，但提高菜价通常会降低顾客满意度，甚至造成顾客流失——店主既然懂得如何满足顾客需求，为什么还要通过涨价来抑制顾客的需求呢？

其实，这里面就是一种心理效应在起作用，它叫作"大小刺激效应"。

即一开始人们受到的刺激越强，对以后较小刺激的感受和反应就会越迟钝。换言之，人们受到的第一次刺激能够缓解受到第二次较小的刺激，前面的大刺激会使后面的小刺激显得微不足道。

这种心理效应实质是一种心理麻痹手段：先设计一个较大的刺激放在前面，虚晃一枪，冲击一下对方的心理；而真正的目的则藏在后面，在对方已经形成较大心理刺激的前提下，再把它提出来就显得不那么具有冲击力了。

例如，在地产销售中，一处房产由原价 200 万元突然涨到 300 万元，不会有人感兴趣。但如果涨到 220 万元，购房者就会很感兴趣。原因就在于，一套房子 200 万元这个数目对顾客的心理刺激已经足够大，当顾客接受这个大刺激后，房价再上涨 10 万元或 20 万元，在顾客看来已经是可以接受的小刺激。

地产商正是洞悉了这个心理变化规律，使房价的上涨沿着一个缓慢而有序的轨迹，保持在合适的、顾客心理可以接受的范围之内。

顾客乐于追求高价，除了高价物品带来的优越感，还在于高价物品的质量带来的安全感。人们通常认为，价格高的物品，其功能、质量、品牌等也应该不错。

> 通过背后的优惠，紧紧抓住顾客的心

在竞争越来越激烈的市场环境中，销售员如何才能将产品顺利地销售出去，并让顾客变成自己永久而忠实的"招财童子"呢？

一个最有效的策略就是，让顾客感觉自己受到了特殊的"照顾"。否则，你的产品跟别人的没区别，顾客跟你也不是朋友，凭什么一定买你的产品呢？所以，巧妙地利用一些手段，让顾客觉得你在背后给了他优惠，这样，他才能接受你，并且以后在每次需要产品的时候第一个想到你。

有一对夫妻，平常都是妻子负责去附近的菜市场买菜。这天正好是周末，丈夫便陪妻子买菜。买肉的时候，他发现妻子为了买一斤肉，绕过好几个肉摊，特意来到一个很不起眼的摊位。

老板看见熟人来了，笑着问："刘太太来了，今天要点什么肉？"

妻子说："给我来一斤五花肉。"

老板压低声音说："今天的五花肉不是太好，很肥，我建议您买梅花肉吧。今天的梅花肉特别好，我还是按五花肉的价钱给您。"

妻子点头说："好吧，那就来一斤梅花肉吧。"

丈夫很纳闷儿，就问妻子："为什么你买肉不挑不拣，还专门来这个地方买？"

妻子回答说："因为我是这家的老顾客，老板很照顾我，他说今天的五花肉不好就应该是不好的——他从来没骗过我，而且他的价格是这几家里最低的。"

老板很快把肉称好了，还顺手切了块瘦肉当添头。看到这里，丈夫终于明白为什么妻子特意来这家肉摊买肉了，也明白为什么这个摊子的生意比别家好很多。

的确，"朋友归朋友，生意归生意"，销售员跟自己一不是亲戚，二不是朋友，如果能给自己额外的实惠和好处，作为顾客岂能不动心？

其实，顾客的这种心理很好理解。从心理学上讲，人人都希望自己能得到特殊对待，因此，顾客在购买产品时不仅会在意自己购买的价格，还会在意别人购买的价格。如果自己比别人得到更多的实惠，他们会很高兴地买下产品；如果看到自己与别的顾客待遇相同时，多少会产生一点失落感，觉得自己不过是众多顾客中不起眼的一个，从而很难快速地做出购买决定。

其实，在市场竞争激烈的今天，商家为了吸引顾客，做什么"清仓大处理""挥泪大甩卖""今日跳楼价"等促销活动已经不再是新鲜事。当然，这些招数也确实曾经产生了一定的效果，但是，如果你不想这么"大动干戈"，只想给顾客一点小优惠，让他们成为你忠实顾客的话，"背后的优惠"是最好的选择。因为，这种方式不仅让顾客看到了实惠，还让他感觉自己与众不同，使其希望受到他人重视的心理得到了满足。

下面这名聪明的销售员就运用了这一技巧：

一位中年妇女走进一家电器商场，逛了一会儿，来到电饭锅专卖柜。销售员连忙招呼道："您好，欢迎光临，请问有什么需要呢？"

中年妇女说："我想买一个电饭锅。"

销售员说："这些电饭锅，您喜欢哪一款？"

中年妇女说："我喜欢那款粉色的，我女儿也喜欢这个颜色。"

销售员说："嗯，这款电饭锅是新款，也是近期卖得最好的一款，现在打折后只卖 680 元。"

中年妇女说："还能优惠点吗？"

销售员说："看您是诚心想买，这样吧，我再送您一桶花生油，您千万别跟别人说噢，我可只给了您一个人这样的优惠条件。"

中年妇女一听多给自己一桶花生油，别人却没有享受这样的待遇，就高兴地买下了电饭锅。

其实，任何人买电饭锅，这个销售员都会赠送一桶花生油，他只是换了一种方式，让顾客以为这桶花生油是他背后给自己的优惠，只有自己有这种优待，自然会兴高采烈地消费。

不过，要注意的是，背后给顾客一点优惠，虽然可以带给顾客一些心理满足，但这种优惠也要有分寸，尤其是价格上的优惠，不能前后差距悬殊，否则顾客很容易产生怀疑，有一种被欺骗的感觉。

因此，销售员在给顾客"小甜枣"时一定要注意方式方法，既要让顾客看到实惠，又要让顾客觉得合情合理。这样，才能使顾客成为你的忠实顾客，长久地给你带来利益。

第 四 章

用巧妙的言语，激起顾客购物的欲望

销售员在承诺顾客某些事情后，一定要做到。只有这样，才能获得顾客的好感，才可以争取到进一步的合作。

> 正确分析，帮顾客打消价格太贵的想法

在销售中我们会发现，不管我们报出的价格是多少，即使价格很合理，顾客还是会觉得"太贵了""不划算""别人比你卖得便宜"等。那该如何打消顾客认为产品贵的念头呢？

但无论顾客对我们的报价持怎样的态度，切不可对顾客说："一分钱一分货，这个道理你不懂吗？""买不起就算了。""那你去买便宜的吧！"这些话就像一把利剑，很容易伤害顾客的自尊心，甚至激怒顾客，引起矛盾，从而对销售造成不利影响。

如果销售员能积极面对，保持耐心，巧言劝说，帮助顾客正确理解产品的价格，就能让顾客觉得买得值，并顺利实现交易。

贾先生来到家具城，准备为自己的书房添置一套书柜。他来到某国际品牌专卖店，销售员小张跟了上来。

　　小张说："先生，有什么可以为您服务的吗？"

　　贾先生伸手一指："这套书柜多少钱？"

　　小张说："3万元。"

　　"不会吧，这么贵？"贾先生露出吃惊的表情，转身就要走。

　　这时小张走上前去，对贾先生说："您说得很对，这套书柜真的不便宜，但我们这里的书柜是国际高端品牌，都是针对一些像您这样的成功人士设计的。您可以先了解一下，不买没关系，这样以后您选择的时候就有了更多的对比，您说是吗？"

　　"嗯，这倒是实话，那我就随便看看。"贾先生漫不经心地四处看看，随后目光在一款书柜上停留了10秒钟左右。

　　"先生有没有发现，这款书柜与其他品牌的书柜有什么不一样？"小张抓住时机突然问道。

　　"有什么不一样吗？"贾先生自言自语，目光却没有离开这款书柜。

　　"您再仔细看看！"小张引导着贾先生走过去。此时，他拿来一款遥控器，轻轻按了一下，书柜的门自动打开了。

　　看到这一幕，贾先生很是诧异。小张接着说："正如您看到的，这是一款全自动书柜。另外，书柜门是德国原装进口的钢化玻璃，目前在国内只有我们一家采用，它使用最新的技术制作而成。"

简单阐述后，小张拿出一把橡胶锤在一块样板玻璃上敲了又敲，又用一把刀子划了几下，然后对贾先生说："您看，是不是一点儿划痕都没有？"

最终，贾先生权衡之下买了这套高端书柜。

本案例中，刚开始贾先生在听到销售员的报价后，觉得书柜的价格实在太贵了。面对不专业的顾客，销售员小张并没有说："你是外行，哪里知道这款书柜是怎样制作的？"而是先留住顾客，告诉顾客不买没关系，可以以此作为参照，缓和顾客的情绪后再引导对方发现产品的独特卖点，从而提升产品的价值。

在遇到以上情况时，有的销售员认为销售无望，于是马上转变态度，销售热情也随之消失。这样做势必会让顾客更加坚定自己的观点，认为价格不符实。过后，即使你再如何挽回顾客，都很难生效了。

实际上，我们更应该热情大方、巧妙地改变顾客的想法，积极地促成交易或是为下次成交做好铺垫。具体来说，我们要做到以下几点：

1. 认同顾客的看法

无论顾客有任何顾虑，认同法都是解决问题的不二法则——只有认同顾客，表达同理心，才能拉近与顾客的距离，进而挽留住顾客。

认同顾客后，你可以再认真听取顾客的意见，然后加以解释。

2. 增强顾客对产品的需求

我们都明白一个道理，一个人对某种产品的需求越大，他对产品的价格就越不在乎，即使再贵的产品也有可能下血本购买；反之，越是觉得产品对其来说可有可无，就越关心产品的价格。

所以，在沟通中，销售员应多强调产品能带来哪些利益，能解决哪些问题、满足什么需求，也就是多谈价值，以此淡化顾客的价格意识。比如，你可以这样对顾客说："这位小姐，你肯定经常参加时尚派对吧？这样的场合肯定少不了晚装，你看，这条黑色裙子简直就是为你量身定制的。至于价格，对你这样的时尚一族而言应该不算贵吧？"

3. 强调产品的卖点

当然，除了激发顾客的购买欲，还要极力塑造产品的卖点。产品有哪些特点是独一无二的，是其他同类产品无法提供的，这些都可以强调——正是因为产品的品质高，所以才"贵"。

比如，产品的服务好，全国保修服务是其独特的卖点。

另外，产品品种齐全，或功能齐全，都是产品的卖点。你强调这些，就等于在塑造产品价值。

4. 让顾客认可产品

我们要跟案例中的销售员一样，尽量留住顾客，然后让顾客接触产品，看到产品的功效。当顾客认可产品，认为物有所值，自然就能接受产品的价格"贵"。要知道，顾客听到价格就认为产品贵，并不是产品真的贵，而是由于对产品性能、特征等了解和认识得不够。此时，端正顾客对产品的认识就是我们的主要任务。

> 让顾客报价，然后随机而动

价格，永远是销售过程中最难解决的问题之一。

我们都知道，在销售中谁先报价，谁就容易丧失控制价格的主动权。但我们发现，在销售过程中，销售员先报了价，接下来的谈判和交涉过程，价格也只能在这个范围内，顾客不可能以更高的价格买下产品。

因此，很多销售员把报价的主动权让给了顾客。但顾客提的价格倘若完全背离销售员的价格底线，又该如何应对呢？改变顾客对产品价格的错误估计，是销售员必须解决的问题。

一天，康女士来到某品牌羊毛衫专卖店，左挑右选之后，她的目光停留在一件中长款羊毛衫上。看了一眼标价是980元，她还是问销售员："这件羊毛衫多少钱？"

销售员觉得先让顾客出价，这样可以探出顾客的价格底线。于是，她问道："您觉得值多少钱呢？您要是喜欢的话，开个实心价，给您来一件。"

康女士思量了一下，说："我觉得也就值个500元吧。"

销售员说："您真是识货的人，您看上的东西能便宜吗？说实话，这款羊毛衫是纯羊毛的，打折后600元。"

康女士说："行吧，那你给我拿一件。"

这位销售员的应变能力着实让人佩服，让顾客先开价的确有利于探清对方的价格底线，让自己有足够的空间与对方商讨价格问题。

但如果顾客开出的价格与销售员期望的价格相差太远，就会让价格谈判陷入尴尬的境地。而销售员的聪明之处就在于，她把顾客定位为"识货的人"，称其"看上的东西不便宜"，这样，顾客受到一番赞美之后，即使觉得价格稍微贵点也可以接受。

在销售过程中，讨价还价不仅是至关重要的一部分，也是不可忽视的一个环节，因为销售的核心问题就是利润。因此，如果我们不能巧妙地应对价格问题，双方就会陷入谈判僵局，轻则谈判破裂，重则伤和气。

总的来说，当销售员遇到顾客先开口出价时，该如何应答呢？

1. 适当让步

当顾客提出的价格与我们的期望相差甚远时，我们应该多站在顾客的角度来说话。比如："您很有眼光，您看上的这套西服质量很好，我理解您想以合适的价格买下来，但您出的价格比我们的进价还低。您看这样行不？我给您打个八折。"

此时，如果我们态度诚恳，而且先做出让步，再请顾客也做出让步，这样僵局就会有所缓和，问题的焦点很快也就会转移，实现由"不让"到"让多少"的转变。如果实现了转移，对方让步的可能性就将至少达到一半。

但这样做也存在问题，那就是让顾客觉得你的让步是理所应当的，从而会得寸进尺。因此，即使让步，你也要做出一副迫不得已的姿态，在最后关头才表态。这种做法能获得顾客的理解，从而使其见好就收。

2. 调节气氛

谈及利益，买卖双方很容易造成一种僵持局面，即使是朋友，也有可能争得面红耳赤。如果懂得调节气氛，一句幽默的话就能让双方化解矛盾重新谈判，甚至还能一笑了之，达到柳暗花明的效果。

3. 补偿措施

很多销售员都懂得利用顾客喜欢占小便宜的心理，来弥补一些顾客在价格上的让步。当我们在价格上无法跟顾客达成一致时，也可以通过其他补偿方式来说服顾客。比如："您看，我们这做的也是小本生意，本来就是薄利多销，给您的价格真的不赚钱。要不这样，我给您办张会员卡，您下次来，都给您打九折如何？"

大多数顾客，对于商家的补偿措施还是会欣然接受。通过这种利益互惠的方式，让顾客达到心理上的平衡，是每名销售员都应该掌握的技巧。

的确，一名优秀销售员不仅能掌握整个销售活动的主动权，还能排除各种不利于销售的因素，尤其是价格问题。即使顾客已经主动出价，掌握了价格谈判的主动权，他依然能轻松应对。可以说，以上方法双方都可以利用，且成功率均等，关键在于要主动和善于利用。

> 有理有据的说明，更容易赢得顾客的心

在购买商品时，顾客一定会多加比较，因此，他们对商品质疑是很正常的。如果顾客质疑，这时销售员只要提供一种有理有据的说明，那就很容易销售成功。

魏先生是一家小家电专卖店的老板，经营有方。最近夏天到了，风扇、榨汁机之类的小家电十分畅销。有一天，一位顾客来到店中打算买一台榨汁机，店员马上上前招待。

顾客问："你们卖的是名牌榨汁机吗？"

店员回答："您是要高档的，还是低档的呢？"

顾客听了，心里有些不舒服，很明显，她需要高档的商品，但又不希望价格太高。其实，她也想咨询一下低档的商品，通过性价比进行选择，但是她说出来就会有些掉价。于是，她只好说："当然是高档的了。"

店员说了一个很离谱的价格，顾客无法接受。

店员说："高档榨汁机的价格当然贵，假如您想买便宜

的榨汁机，可以选择低档的。"顾客听了很气愤，要是这样争执下去，说不定还会导致言语冲突。

这时，魏先生发现了顾客的情绪变化，上前对顾客说："非常不好意思，店员是新来的，对业务一点儿也不熟悉，我来给您介绍一下我们的商品吧。"

看到魏先生一脸的诚意，顾客的情绪才慢慢平静下来。没有等顾客开口，魏先生就介绍说："实际上，刚刚店员没有讲清楚，任何一个品牌的商品都有高档和低档之分。目前来说，我们店里主要卖两种类型的榨汁机，其中一种是商用榨汁机，容量大、功率高，也就是刚刚店员跟您说的那款，价格会贵一些。不过，如果您是家用的话，我觉得您还是考虑一下容量和功率都比较小的。假如价格上您不是太满意，我们可以给您多一点优惠。"

魏先生一边说，一边将两台榨汁机的电源打开给顾客演示，让顾客了解它们的功能。

这时候，顾客的心里舒服多了，经过魏先生的讲解，最后她购买了一台家用的榨汁机。

后来，魏先生对店员说："顾客都会对商品有所质疑，他希望花最少的钱买到最好的商品，所以，作为销售员要记住，与顾客沟通时不能表露自己的情绪。通常来说，顾客不会购买店里最贵的商品，大部分人都会选择中间价位的。你可以通过对比性价比，让顾客自己做选择。"

对于这种情况，很多商家将一些贵重的商品放到橱窗里，而主营商品都是定在中间价位。销售员的任务就是为顾客介绍商品的性能，告诉顾客中间价位的商品有哪些优势。其中一个简单的方法就是，当顾客看上了某款商品的时候，销售员就要拿出另一款较差的商品进行对比，这样的话，顾客的心理就更容易得到满足。

为了能够说服顾客，很多时候，销售员需要有"真凭实据"。

许多人都知道，腕表在生产之初没有解决进水的问题，这给人们带来了很多麻烦：下雨的时候要注意，洗脸洗手的时候也要注意。于是，不少商家就打着防水的口号销售腕表，慢慢地，顾客发现"防水"仅仅是商家的促销手段。

后来，某厂家研发出新的防水腕表，可是销量迟迟上不去。再后来，一个聪明的商家在柜台上放了一个小鱼缸，如果顾客质疑腕表的防水功能，商家当场就将腕表放进鱼缸里进行实验。由于有了这种"真凭实据"，这款防水腕表渐渐地被人们所接受，生产厂家也因此赚了很多钱。

由此可见，在推销过程中，销售员的说辞要有理有据，必要的时候还可以通过实验来证明商品的功能。

> 拿出你的诚信，获取顾客的信任

顾客都喜欢跟诚信的人打交道，因此，销售员承诺顾客的事就一定要做到。

心理学研究发现，一件事承诺了就做到，所收到的效果要比承诺后一拖再拖或干脆不兑现好得多。

有个人曾遇到这样一件事：两年前，他采购了办公室的全套办公用品后，销售员说要请他吃饭，于是，他就一直将这件事记在心中。然而，过了很长时间，这件事依然没有得到兑现，他告诉朋友说："这是个不守信用的销售员！"

作为一名销售员，你一定不想给顾客留下这样的印象。那么，你在向顾客承诺某件事情后，又是怎样去践行的呢？

在日常交往中，我们经常会听到这样的话："下次再说吧。""有时间的话我再去找你。"比如，你家附近开了一家火锅店。"哪天一起去吃火锅吧。"你这样跟朋友约定，却没有定下具体时间，因此很容易就忘记了，可见这种承诺很可能会伤害朋友之间的关系。

在销售中也是如此。有很多销售员经常会说："下次有机会再合作。"这句话就跟平时打招呼一样随便说出口了，有些较为认真的顾客听销售员这样说，就会等待下一次的合作，然而，等来的只有失望——销售员早已把这事给忘记了，因此，他们白白损失了很多顾客而自己却不知道。

销售员一旦做出承诺，或者说跟顾客有了约定，就一定要立即行动，这样才能打动对方，让对方信任你。如果行动稍有迟缓，不但会在顾客那里失去信誉，没准儿还会让其他竞争者钻了空子，最后你只能后悔。

我们经常听人说"一诺千金"，销售员只有把这句话当作行动准则，在跟顾客打交道的时候做到守信，才能得到顾客的信任，才能更好地开展合作。

在买方市场的今天，商品的销售竞争越来越激烈。每名销售员都要加强对顾客的关怀，说到做到，兑现承诺，以此来提高顾客的满意度。

晓晓在深圳的一家教育机构做培训师，曾遇到一位非常热情的女士，她不仅在培训中给予了晓晓很多支持，而且很关心晓晓的生活起居。在培训结束的时候，那位女士还送了一些家乡特产给晓晓，令她非常感动。

晓晓想起这位女士说过她对深圳的糕点非常喜爱，为了表示感谢，她说："我给你准备一些特色糕点吧，你带回去给孩子和朋友尝尝。"为这件事，晓晓还特意吩咐了公司的客服人员，让客服在顾客离开深圳的前一天，把买好的糕点送过去。

女士离开深圳时打电话向晓晓道别，晓晓问起糕点收到了没有，女士说没有收到。当时晓晓就傻眼了，心想："都跟顾客提前说好了，怎么会发生这样的事情？"放下电话，晓晓马上打电话询问客服人员，这才知道，由于一些特殊原因，客服人员走不开，也忘记跟她说了。

晓晓非常生气，她再次致电顾客，向顾客表示了歉意。

第二天，在全公司会议上，晓晓特别提到了这个问题。有人私下里认为晓晓小题大做，不就是没有送顾客一些糕点吗，有什么大惊小怪的？晓晓却义正词严地告诉他们："工作无小事，一个人如果连一点诚信都没有，怎么能做好事业！"

如今，"承诺的事情一定要做到"成了这家公司企业文化中不可或缺的一部分。

销售员在承诺顾客某些事情后，一定要做到。只有这样，才能获得顾客的好感，才可以争取到进一步的合作。

> 顾客都爱货比三家，给他一个舒心的解释

每个人都希望买到物美价廉的产品，因此，他们常常抱着"货比三家不吃亏"的心理，对于同类产品进行价格、质量等多方面的比较。这一点也导致销售员经常会遇到这种情况——销售员刚报出价，顾客就说："别家同样的商品比你家的便宜很多。"

面对这种情况，一些销售员为了维护自己的产品，会当即反驳顾客："怎么会一样呢？要知道一分钱一分货！"甚至会诋毁竞争对手："他们的产品怎么能跟我们的产品比呢？"这种说辞非但不能说服顾客，还会让他们对产品产生怀疑，影响公司的形象。

一天，朱女士来到某商场电器专区逛，她转悠半天后，脚步停在一款小型冰箱前面。销售员上前询问："请问您要买什么产品？"

朱女士说："近期听说你们电器专柜在小型冰箱这一块

的宣传做得不错。"

销售员说："是的，请问您是想买冰箱吗？"

朱女士说："我随便看看。"

销售员说："您看看这款冰箱，是今年刚从国外引进的，无论是家居还是车载都很方便。"

朱女士说："进口的？那一定很贵吧？"

销售员说："这是德国××品牌旗下最有名的产品，售价是 2500 元。"

朱女士说："不是吧，这么贵？这种小型车载冰箱一般最多卖到 1000 元，网上有的才卖几百元，我刚刚也看过其他几款，最贵的也不超过 1500 元。"

销售员说："您看的产品质量怎么能跟这种国际品牌的比呢？一分钱一分货。"

朱女士一听，头也不回地离开了。

从这则案例中我们可以看出，原本顾客对该品牌的小型冰箱很感兴趣，但最终却选择了离开，这是为什么呢？原因很简单，顾客认为产品贵，这名销售员不但没有进行挽留和解释，反倒说："您看的产品质量怎么能跟这种国际品牌的比呢？"这样说，不仅否定了顾客的眼光和欣赏水准，还贬低了竞争对手的产品，让顾客觉得这名销售员诚意和素质不够，自然会选择离开。

面对这种情况，销售员该如何应对呢？

1. 给"贵"一个合理的解释

当顾客觉得商品的价格贵时，销售员就要给出一个价格贵的合理解释。

虽然人们都明白"一分钱一分货"，但如果像案例中的销售员一样表达的话，自然会起到反作用。这时，我们要注意自己的态度，一方面要承认同类产品便宜，另一方面也要为自己的产品贵做好解释工作，让顾客看到你的专业素质，并让顾客在"鱼"和"熊掌"之间做出明智的抉择。

2. 不要诋毁竞争对手

通常，销售员听到顾客说自己的产品比其他家贵时，都会本能地维护自己的产品。有的销售员情绪激动时，更会以诋毁别家产品来改变顾客的想法。

在现实情况中，这样的做法反而会起到相反效果，因为顾客有自己的判断能力，这样目的性很强的攻击不会把顾客的注意力转移到产品上，反而会使顾客对你产生不满的情绪，转而离开。

因此，销售员在向顾客介绍产品卖点时，可以适当地指出其他产品存在的一些不足，但一定要注意掌握好分寸，不要有任何的针对性。

> 主动提问，激发顾客做更多的表述

在跟顾客交谈时，销售员不要总想着如何将商品卖出去，这样只会让交易变得更困难；相反，如果销售员从顾客的角度出发，了解顾客的想法，就能更好地销售产品。

在销售中，想要了解顾客的想法并吸引他们，就要学会主动提问，并掌握一定的提问技巧。通过发问来了解顾客的真实需要，给他们一个准确的回应，包括推荐和介绍等，这样可以拉近与顾客之间的距离，建立紧密关系，最终完成商品的交易。

特别是对于那些本来并不清楚自己想要买什么品牌商品的顾客，销售员更要主动提问，抓住其微妙的心理，分析他们的潜在需要，然后给他们提出建议。这样，就算最后不能完成交易，也可以赢得顾客的好感。

穿着时尚的章女士在一家首饰店的柜台前驻足停留，欣赏着柜台里摆放的首饰。这时，销售员童丽走过来问道：

"您好，您看上哪款首饰了吗？可以试戴的。"

章女士敷衍地回道："我随便看看！"虽然她还站在那里看着柜台中的首饰，但明显对销售员缺乏继续交流的热情。这时候，如果销售员无法找到话题让章女士打开话匣子，那这笔买卖没准儿就会黄了。

这时，细心的童丽发现章女士穿的裙子很特别，就夸赞道："您的这条裙子真好看，到今天为止，我第一次见到这么时尚的裙子。"

"啊？"章女士的视线从柜台转移到了售货员的身上。

"裙子上的这种条纹很别致，以前我都没有见到过，这是在高档品牌专柜买的吗？"童丽看得出章女士对这条裙子很在意，于是把话题转移到这上面。

"当然不是了，这可是我老公从意大利带回来的。"章女士终于开口了，言语中颇显得意。

"这样啊，难怪我从来没见过这么别致的裙子。这条裙子穿在您的身上，显得很有气质。"

"哪里话！"章女士虽然谦虚地回答着，但已经是满脸的笑意。

"如果您再戴上一条别致的项链，就显得更高贵优雅了！"童丽成功地把话题引到了首饰上。

"我就是这样想的，只是我不知道选择哪一款好。"章女士终于说出了自己的想法。

"没关系，我来帮您参谋一下吧。"

最终，章女士在童丽的"参谋"下，买了一条价值7800元的项链。

有经验的销售员能在短时间内找到合适的话题，消除顾客的戒备心理，进而实现交易。

销售员需要特别注意的是，发问式销售并不是一味地提问，而是要在提问的时候激发顾客自己来表达，通过顾客的表达了解他的真实需要。只有如此，销售员才可以获得对方的认可，最后实现交易。

与此同时，销售员还要努力赢得顾客的信任，假如顾客有质疑，也不要直接反驳，可以鼓励他说出来。如果顾客能说出他的质疑，实际上也就建立了初步的信任——一旦对方对销售员产生信任，那么销售过程就会很顺利。

总的来说，发问式销售方法主要有以下三种形式：

1. 婉转式发问

这种发问方法可以有效避免出现尴尬的局面。比如，在跟顾客交流一段时间后，销售员可以这样问："差不多就是这些了，总体来说是比较适合您的，您觉得呢？"

这种发问方式留有缓冲空间，就算对方拒绝了，也不会有失颜面，进而让对方对你产生好感。当然，假如顾客给出的是肯定答案，那么你就可以进行具体的交易谈判了。

2. 协商式发问

这种发问方式比较平和。以电话销售来说，销售员在跟顾客进行简单的交流后，可以说："我们的专家可以给您详细介绍，您什么时候有空，我们约一下面谈可以吗？"

这种发问方式大部分都是配合递进方式在使用，比如邀约面谈，这样可以清楚地知道对方到底有没有消费的意图。如果对方有足够的交易欲望，那么，一定会答应面谈。假如对方没有这样的打算，就会找借口搪塞，这时候，销售员需要尽快结束交流，转而再去寻找其他突破口。

3. 引导式发问

这种发问技巧会让顾客有一个正面的回应。德国一位心理学家曾经指出："通常人们在面临可行、不可行的选择时，假如对方是陌生人，就一定会选择'不可行'，这是人们的自我保护意识，是先天因素所决定的。"

运用引导式发问需要一定的技巧，比如，销售员跟对方相约面谈时，可以说："明天下午我想跟您进行一次简短的面谈，您看可以吗？"这时候，对方一定会习惯性地接受，转而让秘书确定具体的时间和地点。

如果是一般的发问方式，比如："我想明天下午跟您进行一次面谈，您看可不可以？"面对这样的问题，对方通常会本能地拒绝，随便找个借口就搪塞过去。因此，销售员不要用这种方式发问，以免给对方留下拒绝的空间，而是要用引导的提问方式让对方做出正面回答。

> 适当施压，给顾客一种紧迫感

很多人都觉得，威胁顾客是很不礼貌的行为，但是，有时候适当地给顾客一点善意的"压力"，反而能坚定顾客的购买决心。

在逢年过节的时候，很多商家会举办"限期促销"活动，这个"限期"的意思就是：过了这个时间段，你就不能以优惠价格买到同样的商品了。虽然顾客心里也知道这是商家的销售策略，但面对这样的诱惑，他们还是会去抢购。

在跟顾客交谈的时候，销售员也可以适当地给顾客一点"压力"。因为很多顾客并不是主动购买产品，需要销售员去说服他们。这时候，单凭销售员对产品的介绍、引导还不能让顾客心动，面对这样的情况，销售员就应该转变策略，告诉顾客："现在是厂家十周年大庆搞活动，如果现在您不购买这款产品，以后可能不会再有这样的优惠了。"这种暗示很容易打动顾客。

当然，销售员在给顾客施压的时候，一定要弄清楚顾客需要的是什么。给顾客暗示时，千万不要欺骗顾客，要在尊重和关心顾客的前提下，通过一定的技巧说服他们。否则，一旦处理不当，很容易引起顾客的不满。

在一般情况下，适当地给顾客施压是非常有用的，因为这不仅能坚定顾客的购买决心，而且还能让顾客缩短考虑的时间。

章弥想给老婆买一枚戒指作为结婚五周年的礼物。这天上午，他经过某珠宝专柜时进去转了转，看上了一枚镶钻的戒指，但最后他却说："我怕老婆不喜欢，还是回去跟她商量一下吧。"

这时销售员对他说："您有这种想法我可以理解，毕竟一枚钻戒的价格也不是小数目。但先生您知道吗？作为妻子，如果自己的丈夫能记住结婚纪念日，并在当天给她一个惊喜，她一定会很高兴。如果您提前与妻子商量的话，这种神秘感也就消失了。

"另外，今天刚好是我们十周年店庆，有返利活动，满

1000 元减 100 元，这个活动仅限今天一天。您也看到了，今天店里的消费者有很多。这样好了，这枚钻戒我暂时给您留起来，不过我不能保证下班之前它还在，所以，我希望您不要错过这个机会。"

章弥说："那我还是先买了吧，万一下午过来的时候被其他顾客买走了，那我不就错过了？"

案例中，销售员之所以最终能说服章弥消费，是因为他既保持了良好的态度，又对顾客适当施压——如果现在你不买，执意要先回去与妻子商量的话，不仅会失去给妻子惊喜的机会，还可能导致你中意的戒指被其他顾客买走，同时你也会错过店庆返利的优惠。

综合考虑之下，章弥自然会暂时放下与妻子商量的想法选择购买。

曾先生非常关心家人，而且他也有能力购买家庭保险。但是，当保险专员陈亮劝他投保时，他却有些不愿意。

陈亮对曾先生进行保险推销："曾先生，您是一个关爱家人、有责任感的成功人士，为了家人的健康和安全，您愿意签'29 天保险合同'吗？"

曾先生问道："这是什么保险方式？"

陈亮解释说："'29 天保险合同'跟我向您介绍的合

同保险金额是一样的，满期退还金也是一样的。它与同类保险拥有一样的功能：第一，如果您失去支付能力，没有办法支付保险费用，或者由于意外事故造成死亡，那么按约定免交保险费；第二，如果出现上述问题，保险公司就要对您履行'发生灾害时增额保障'的义务。您不要介意，这都是为了介绍这个问题所进行的设想。"

刚才曾先生还一脸的平和，现在听了这话后立马阴沉了脸。

陈亮进一步解释说："曾先生，假如现在您让我离开您家，我觉得这是合情合理的事情，因为我说了您不爱听的话，您感觉我提议的这种保险方式是对您和您家人的不负责任。这种保险，您每月有一天或者两天没有保障，如果您在这个时间里发生意外伤害，那该怎么办呢？"

这时候，曾先生才意识到了保险的重要性。最后，他购买了陈亮推荐的家庭保险，因为他希望自己和家人时刻都有安全保障。

当销售员告诉顾客，如果不购买产品可能会失去某些利益时，顾客更容易被打动。施压策略应该与产品益处等正面说服方法相结合，否则会让顾客感到不安，从而导致沟通中出现不愉快的局面。

> 除了能说会道，更要会聆听顾客的抱怨

当顾客表达自己看法的时候，销售员要认真聆听。只有当顾客愿意跟销售员说话，推销活动才能够继续进行。如果只有销售员自己在不停地说，80% 的推销是不会有效果的。

每个人都希望得到关注，或者说每个人都希望他人可以认真听自己讲话，顾客也有这样的心理。

丘吉尔曾说过："说话是银，沉默是金。"能言善辩会让销售员获得机会，但是，这只是以自我为中心表现自己，在更多情况下，销售员要知道怎样去倾听，让顾客表达自己的想法，这样才能让顾客有一种被重视的感觉，从而满足他们的心理需求。同时，销售员还能从顾客的表达中获得更多的信息，实现有效沟通。

据一项权威调查显示，那些优秀的销售员，有超过75 % 的人都在心理测验中被定义为较内向的人。他们行事低调、为人随和，而且会以顾客为中心；他们愿意去了解顾客的想法，坐下来倾听顾客的话，而不是自我表述。

孔岩是某汽车品牌的销售员。有一次，当地一位知名企业家王先生来店里购买汽车，孔岩接待了他，并为他做了非常详细的产品介绍，同时给他推荐了几款车。

孔岩原本以为交易会很顺利，但结果出人意料——王先生听完，转了一圈走了。

当天晚上，孔岩反省问题到底出在哪里，但他怎么也找不到原因。于是，他打电话询问王先生："王先生，今天您有满意的车型吗？"

"有。"王先生说。

"可是，最后您怎么走了呢？"孔岩问道。

"现在已经很晚了。"王先生有点不耐烦。

"非常抱歉。可是，您能说一下原因吗？对于一个失败的销售员来说，这是很重要的。"

"好。那现在你在听吗？"

"非常专心地在听！"

"可是，在白天的时候你并不专心。"

王先生说，他本来打算买车的，因为他对一款车很满意。但是，交谈过程中，他发现孔岩对他的话没有一点兴趣，于是扬长而去。

孔岩回忆了一下，发现事情确实是这样的，当时他的心思根本不在王先生身上，只想着怎样把车卖出去。

　　认真倾听顾客说话，这对销售员来说非常重要——只有善于倾听的人，才能赢得顾客的信任。

　　在倾听时，销售员要集中精力，面向顾客时将自己的目光集中在顾客身上，让顾客觉得自己说的任何一句话都非常重要。

　　顾客发表完意见后，你要做出适当的回应，可以用"嗯""对""好"等回答，让顾客知道你在认真地听他说话；你也可以适当地把顾客的一些重点话重新表述一遍。这样，顾客会觉得你非常诚恳，他的内心会很满足，认为自己得到了关注，彼此合作的机会也就更大了。

　　在推销过程中，你一定要多"听"，然后迅速整合信息，了解顾客的想法。不管顾客是在称赞还是在抱怨，你都要认真地听，并适时地表示出对顾客的关心与重视，这样才可以获得顾客的好感。

第 五 章
抓住顾客的心理弱点，轻松击中内心"命门"

顾客都有这样的心理：一旦对自己或他人做出承诺，以后的行为就会与此保持一致，以证明自己以前的决策是正确的，因而会固执地坚持下去。

> 不好意思拒绝，那就不给他拒绝的理由

　　孟佳应聘到一家保险公司做销售员，因为刚入职还比较腼腆。有一次她到一家公司去推销保险，刚走到公司门口，看到从里面走出来一位穿着讲究的中年男士，她走上前怯生生地问道："您好，咱们公司需要买保险吗？我们这边有很适合员工的保险项目。"

　　让孟佳没想到的是，这个人是公司老总。老总打量着孟佳，正要回绝，却被秘书叫过去接电话，于是礼貌性地说了句："请稍等。"

　　等到这位老总接完电话、开完会从会议室出来时，发现"死心眼"的孟佳还傻傻地站在公司门口。老总看着真诚而笨拙的孟佳，实在不忍心让她这样傻等着，于是告诉她进去跟公司的人事经理聊一下，如果有合适的保险产品可以选择合作。

　　心理学家指出，一般人很难拉下脸来直接拒绝别人的要

求，尤其是对方对自己非常热情、谦恭的时候。心理学上称这种不好意思为"不确定的情绪"，这种情绪最容易被他人操纵，从而迫使人们做出被动的选择。所以，销售员在催促顾客下订单时，不妨试试这种心理效应，来帮助自己拿下更多的订单。

根据某商业销售数据统计显示：利用顾客的"不好意思"心理而成功推销的产品，占到销售总量的三成以上。也就是说，在人们购买商品时，其中30%的成交量是人们"不好意思"的心理在起作用，而不一定是真的对那件商品感兴趣。

"不好意思"的理论，在西方已经被商业界人士广泛运用。比如，那些精明的销售主管总是这样教诲自己的下属："我们要赚的就是顾客不好意思拒绝的钱。"

有经验的销售员深谙此道，在跟顾客谈判时，善于将顾客置于"不好意思"的境地，"迫使"顾客当场下决定。

在实际销售中，要想利用好"不好意思"的心理促使顾客下决定，需要一定的诀窍——设计好二选一问题，即无论对方选择A还是B，最终都能促成交易。

有对夫妻经营一家小吃店，早餐有煎饼、馄饨、豆浆、油条、米粥、茶叶蛋等。每当客人点摊煎饼时，老板娘总是笑着问一句："您要加一个蛋，还是两个呢？"面对老板娘的热情，大方一点的客人会随口回答："两个。"小气一点的也会忍不住应声："一个。"

别小看这一句问话，一天下来，这家夫妻店的收入比别家会高不少。

如果在完成一单交易之后，你再加一句这样的反问："这是不是很符合您的品位？""像您这样尊贵的人不应该这样做吗？"这样会把顾客的"不好意思"心理利用得更彻底。

因此，在顾客犹豫不决时，销售员不妨脸皮厚一点，利用对方不好意思拒绝的心理，促使他当场下决定。甚至在成交之后，还可以继续利用一下对方的"不好意思"，进一步提出自己的请求。

> 不好意思反悔，打造顾客信守承诺的形象

一些电话营销人员渐渐地发现了电话沟通的技巧，电话接通后，他们在步入正题之前都会看似随意地询问一下对方

的健康状况或是目前处于何种状态。他们会这样说："您好，最近好吗？"或者："今天您感觉怎么样？"

这样的开场白，不仅体现了电话营销人员对对方的关心，更重要的是得到了对方"我很好"的回应。接下来，电话营销人员会说："听到这些我感到很高兴，我给您打电话的目的，其实是想请您给那些需要帮助的人做一些捐助。这里有一套产品，50%的利润我们会捐助出去……"

之前对方"我很好"的答案就相当于做出了"我有能力帮别人"的承诺，当电话营销人员提出要求时，如果对方拒绝的话，会显得自己十分吝啬——他从内心深处会尽可能地完成自己"我很好""我有能力帮助别人"的承诺，这使得电话营销人员的电话成交概率大大提高。

这里用到的就是心理学中的承诺和一致原理——当我们决定了一件事情，或做出了某种承诺以后，随后的行为就会不自觉地按照决定好的方向来进行。如果销售员能把这一原理灵活地应用于说服过程中，引导顾客采取某种行动或做出某种承诺，然后再利用他与过去的行动和承诺保持一致的心理压力，让他答应你的要求，从而促成交易。

某出版社出版了一套彩色精装版的《十万个为什么》，定价不菲。为了更好地销售这套书，出版社招聘了直销员，并开出了一个推销条款——在消费者购买后的 15 天内，在保证图书质量完好的情况下，如果消费者觉得这套书不合意，那么他可以退货并全额退款。

一开始，在 15 天内这套书的退货率高达 70%。后来，出版社请了一位资深的图书营销人员对直销员做了一次培训，然后消费者的退货率便降到了 25%。

那么，图书营销人员对直销员给出了怎样的妙招呢？

很简单，图书营销人员要求直销员在消费者购买之后，向他们提出两个问题：

1. 通过我刚才的介绍，您真的认为这套书对您的孩子有所帮助吗？

2. 在未来的几个月内，您会坚持从书中找到符合孩子兴趣的知识点，并为其讲解吗？

在消费者做出购买决定之前，直销员都会对他们就图书的内容、作用、使用方法做出非常详尽的讲解。因此，对于这两个问题，消费者大都会做出肯定的回答。

通过这两个问题，直销员得到了消费者的承诺——一方面，他们肯定了书的价值，所以在接下来的时间里就不会随便推翻自己的观点；另一方面，他们答应了会坚持阅读本套图书，直到孩子养成主动阅读的习惯，那么在短短的 15 天之内自然就不会退货。

顾客都有这样的心理：一旦对自己或他人做出承诺，以后的行为就会与此保持一致，以证明自己以前的决策是正确的，因而会固执地坚持下去。

销售员利用这种心理，可以在一些承诺问题上引导顾客。顾客做出承诺，对购买决策做出肯定，自然就会坚持下去。这一方法结合免费试用策略，可以大大提高成交率。

在实际销售中，销售员要注意，顾客的承诺必须是积极的、公开的、经过努力做出的，而且做出的过程是自愿的，千万不能胁迫顾客做出承诺。

另外，销售员可以适当地给顾客以赞美，给他们塑造一个信守承诺的自我形象。有了这样的形象定位，顾客更加不会随便放弃承诺，破坏自己的形象。

> 顾客都有逆反心理，实在不行就激一激

激将法，是利用别人的自尊心和逆反心理，以刺激的方式激起对方的不服输情绪，从而将其购买欲激发出来的一种

说服策略。

保险销售员李响在向顾客温先生推销保险时，温先生迟迟不愿意签单。

对此，李响决定采用激将法，他说："现在很多负责任的丈夫都会给妻子和儿女买保险，尤其是人身安全保险，它不仅是一种投资，而且还体现了丈夫对妻子的关怀、父亲对子女的挚爱。这样的先生心中有爱，买保险都会毫不犹豫……"

温先生就是一位优秀的丈夫、称职的爸爸，听了李响的话，他便说："那就买两份保险吧。"就这样，温先生的犹豫不决很快被李响解决了，短时间内双方就签了单。

不过，在使用激将法时，销售员要注意把握顾客的心理，有些顾客适合激将法，有些则不适合。适合使用激将法的顾客具有如下特征：较强的自尊心、虚荣心和好胜心，年纪比较轻，平时比较受人尊重，爱面子。而那些年纪比较大、为人冷静平和的顾客则不适合激将法。

在促成订单时，销售员要根据具体的对象来决定是否使用激将法，切忌盲目使用。因为，对于不适合激将法的对象采用激将法，不仅不能产生效果，甚至有可能把一单有希望的生意搅黄。

采用激将法最大的难处是对度的把握，如果把握不好，很可能激发的不是顾客的自尊心，而是怒气。这样不但会破坏成交氛围，还可能使顾客拂袖而去，失去成交机会。如果方法使用得当，不但不会伤害顾客的自尊心，还会让对方在购买中获得自尊和虚荣感上的满足。

在某珠宝店里，一对穿着高档服装的夫妻对一枚标价 8 万元的钻戒很感兴趣。售货员做了介绍后，说："之前有位女士也对它爱不释手，但因价钱太贵才没买。"

这对夫妇听后欣然买下，然后高兴地离开了。

对这对夫妇来说，他们的购买动机不是"实惠"，而是"炫耀"。销售员的激将法恰恰满足了他们的这种心态，"我比别人更阔气"的虚荣感带给他们的喜悦，远远超过钻戒本身的价值。

但在运用激将成交法时要有分寸，注意控制火候，不能使用不痛不痒的语言，言辞也不要过于激烈。比如，销售员不能向顾客提出这样的问题："您下定决心了吗？""您买还是不买？"

尽管已经看到产品的好处和购买的实惠，仍有不少顾客受自尊心的驱使，不愿意就此放弃原有立场。如果销售一方要顾客马上回答上述问题，顾客必然感到难堪，可能导致成交困难。

当然，激将法是人们比较了解、接触比较多的常用策略，在使用时也容易被对方看穿。所以，在使用激将法促成订单时，销售员一定要注意自己的态度，表情要自然一些，否则很容易让顾客看出里面的门道，从而产生厌恶心理，导致交易失败。

> 有些顾客好为人师，那就多向他虚心请教

顾客的类型多种多样，其中最让人头痛的莫过于傲慢型。有时，看着对方一副鼻孔朝天、爱搭不理的样子，你会特别生气。但越是傲慢的人，似乎消费能力越高，一旦咬牙坚持拿下他们，一般都能成为大顾客。

不过，要想拿下傲慢型顾客，首先得把握他们高傲背后的心理特征。一般来讲，傲慢型顾客有典型的矛盾心理：一方面，他们喜欢通过贬低别人来抬高自己，以获得情感和心理上的满足。而且，他们对自己的某些优点很在乎，总是希望引起他人的注意，渴望别人给予很高的评价。另一方面，

他们自我保护意识很强，不愿意让别人看到和谈论自己的缺点，所以才会用冷漠的方式进行自我保护，以达到不让别人靠近的目的。

在接触傲慢型顾客的过程中，销售员要始终保持谦虚谨慎，同时注意自己的说话方式，例如多说顾客的优点，不要谈论其缺点等。

当然，说话谨慎是远远不够的，对付傲慢型顾客的一个重要秘诀，就是利用其好为人师的心理。"好为人师"是中国人的一种性格特质，曾有一个有趣的说法是：改革开放之前，大家都是一个战壕的同志；改革开放之后，老板和老师立马多了起来。

时下，"老师"这个称呼极为流行，但凡有点名气的人，都喜欢别人叫他"老师"。傲慢型顾客多是这种类型的人，他们从内心深处希望别人称自己为"老师"，给自己教导别人的机会。

张雨是一家包装材料公司的销售员，在他负责的南方区域内，有一位南宁经销商李总的业务做得非常大。可是，李总是一个不太和善的人，对陌生销售员尤其反感，张雨多次拜访都吃了闭门羹，双方一直没能实现合作。

这天，张雨又一次敲响了李总办公室的门。张雨刚一露面，李总就不客气地说："我们公司手里的产品已经够多了，不需要再增加，请不要再浪费彼此的时间了！"

面对李总的冷淡态度，张雨没有生气，也没有退缩，而是摆出一副虚心求教的样子。

"李总，我知道您在当地生意圈是这个……"张雨边说边竖起大拇指，"今天我不是来推销产品的，是想跟前辈请教一个问题。"

张雨看李总没有打断他的话，便继续说："我们公司想在南宁开一家新工厂，但我们初来乍到，不了解当地的市场情况，您能不能给一些建议？"

"哦……"李总虽然没有再说太多的话，但他的注意力已经被吸引过来了。

张雨顺势坐了下来，简单介绍了公司开拓当地市场的计划。根据他的计划，李总提出了几条建议，比如，具体地理位置、储备材料方案、加工制造特色等。

接着，李总讲到了他在这个行业摸爬滚打的经历；后来，又讲到了他如何平衡工作和生活的问题；再后来，还聊到了私人话题上。就这样，两个小时后，张雨成功地拿下了订单，心满意足地离开了。

从这个案例来看，李总在当地市场做得很好，说明他并不是一个难以接近的人——他只是对陌生销售员有一些抵触。而张雨明白这一点之后，通过"虚心请教"，把两人的关系从推销与被推销的关系转化成"商界前辈"与"市场新手"的关系，从而成功地消除了对方的戒心，拿下了订单。

不难看出，很多时候，无论一个人有多高的成就，脾气有多么古怪，只要你虚心讨教一番，对方一定会耐心回应。

其实，大多傲慢的人都很享受居高临下的感觉。而作为普通人，没有太大的名声，怎样才能为对方创造一种"居高临下"的姿态呢？答案就是让对方好为人师。

所以，在销售过程中，销售员一定要想方设法给对方当"老师"的机会，这样才能让对方无法拒绝你。

> 提升顾客满意度，从售后服务开始

销售的目的是什么？也许大部分销售员都会说，是把产品卖出去，获得利益。这是错误的想法，销售的最终目的不是把产品卖出去，而是让顾客在购物中获得价值、得到满足，让他觉得这是明智的选择。

不过，要想顾客有这样的感觉和满足感，并非从你卖出产品开始，而是从你的售后服务开始。

一天，小欣在服装店买了件衣服，回家后发现衣服上有股油漆的味道，怎么清洗都无法消除。无奈之下，她只得去退货。结果，销售员说按规定不能退，只能换，但由于衣服已经洗过了，所以只能换一件价格便宜一些的。

听销售员这么一说，小欣非常生气，跟她争执起来，但没想到销售员干脆不再理睬小欣了。

一怒之下，小欣找到值班经理，将整个过程向对方描述了一遍，并说如果得不到妥善的处理，将向消费者协会投诉。

值班经理还算通情达理，说不可能退货了，提议让小欣重新换一件价格相同的服装。无奈之下，小欣只好换了一件。虽然这次换的衣服没问题，但是她心里极不舒服。

通常情况下，为了打消顾客的购物疑虑，商家往往会做出"包退包换"的承诺。这样一来，顾客才能放心购买。小欣购物的服装店明知自己的商品存在问题（有油漆味）却不给顾客退货，这种行为最终将损害服装店的信誉，对服装店而言是得不偿失的。

对小欣来说，不满意也是有道理的。

第一，顾客来购物，商家需要出售没有任何质量问题的产品才行，但卖给小欣的衣服却有油漆味。

第二，退换衣服没有达到小欣的心理预期。不管小欣购买这件衣服是打算出席聚会还是居家穿着，她的预期都被打破了——不能退，只能换一件价格更低的衣服。

第三，从购物享受而言，小欣购买衣服时的那种激动和欣喜，完全被商家恶劣的售后服务冲淡了。

第四，在退换过程中，小欣既浪费了时间，又浪费了精力以及往返的路费等。所以，这次购物对于小欣来说极其不成功，小欣当然会对商家感到不满。

由此看来，即使商家给小欣提供了换货服务，顾客的利益还是受到了损害。

顾客难免会碰到对已买物品质量、外观等方面不满意的情况，从而产生退货的念头。因而，销售员在销售的过程中，并不是将商品售出就完事了，能否为顾客提供必要的售后保障也是影响销售成败的重要因素。

为顾客提供退换商品的服务，表面上会给销售方带来一定的损失，实际上这是将顾客的损失降至最低从而赢得顾客信任的有效策略。长期来看，这对卖家意味着收益而不是损失。

从小欣购物的案例中，我们还看到另一个问题。很多销售员不愿意听顾客抱怨，也许他们认为，只要没有听到顾客的抱怨，那就代表产品没有问题。

结果恰恰相反。顾客不抱怨不是说他很满意，而是跟你抱怨也产生不了任何好的结果，最后抱着吃这一次亏、下次不再来的想法离开。若是你听不到顾客抱怨的心声，不理会每一个前来抱怨的顾客，那最后的结果就是你不会多一个忠实的顾客。

慧慧在一家服装店的宣传册上看到一件非常漂亮的毛衣，进店询问后被告知正好卖完了。于是，她付了定金，请销售员帮她预订一件。

一周之后，慧慧来取毛衣。当慧慧拿起毛衣时，觉得它看起来没有其他款式的质量好——做工粗糙，到处都是线头，而且颜色也比图片上所显示的要浅。

站在一旁的销售员听到慧慧的抱怨后，微笑着说："非常抱歉，我也看到了您说的问题。但有一点我敢向您保证，这件毛衣的质量跟宣传册上是一样的，因为这件是刚加工出来的，没有经过任何修剪，毛线头就多了一些。您要是不着急拿货的话，我非常愿意帮您把这些线头修剪好再交给您。

"而对于颜色上有一点差别，我也感到很抱歉，可能第二批出厂的毛衣在颜色上有更进一步的追求。我知道您喜欢图片上那件毛衣的颜色，希望空闲时您多来逛逛，没准儿就能碰上您感兴趣的颜色的衣服。"

听到销售员真诚的解释后，慧慧一下子就没有了抱怨，高高兴兴地拿起毛衣回家了。后来，她成了这家服装店的老顾客，而且还把很多姐妹都介绍了过来。

既然顾客对你有所抱怨，那么他的心里肯定希望你能解决问题。因此，如果你忽视了顾客的抱怨，或者态度蛮横，结果你终将像第一个案例那样，失去小欣这样的顾客。如果你的做法能够像第二家服装店的销售员这样，就会化抱怨为满意，最后赢得忠实的顾客。

因此，良好的售后服务是销售员卖出产品的最后一步，也是销售员与顾客开展下一次合作的关键一步。

在提供售后服务时，销售员应当注意以下几点：

1. 情感性

良好的售后服务措施或体系必须是发自内心、诚心诚意的。销售员在提供售后服务时，必须付出感情，用真情打动顾客，让顾客忽略产品为自身带来的损失。

2. 适当性

售后服务的适当性包含两方面的含义：一方面是服务内

容和形式的适当性，即正当性；另一方面是售后服务质与量的适度性——任何售后服务都是有成本的，过高或过低的售后服务水平都不是明智的行为。

3. 规范性

规范性是指在向顾客提供售后服务时，要尽量提供统一、科学、全面、规范、符合情理的服务行为标准。

4. 连续性

售后服务的连续性是指销售员在提供售后服务时，必须保持在时间、对象、内容及质量上的连续性。

5. 效率性

效率性主要是指提供售后服务的速度，即及时性。例如，夏天修空调，同样内容的服务，报修后两小时到和两天后到就有天壤之别。

只要认真贯彻以上几点，销售员便能够为顾客提供良好的售后服务，让顾客"无后顾之忧"，那么销售自然就会变得顺利很多。

> 巧用假设成交法，影响顾客的购买决策

在销售工作中，假设成交法是一种销售员假定顾客决定购买商品而展开推销的方法，使用这种方法可以减少顾客的异议。

心理学上有一个墨菲定律，它指的是事情如果有变坏的可能，不管这种可能性有多小，它总会发生。这个定律源于一个叫墨菲的空军上尉，他有一个非常倒霉的同事，有一天，他开同事的玩笑说："如果一件事情有可能会被弄糟，让你去做就一定会弄糟。"

在销售中，墨菲定律也有一定的体现：当销售员接待一位顾客时，他心目中认为这位顾客可能看看就走，也可能购买产品。当顾客看看就走后，这时销售员会认为自己的猜测最终得到了印证。

殊不知，很多时候，顾客的行为恰是销售员潜意识引导的结果。如果销售员换一种思考方式，假定顾客已经决定购买商品了，这时销售员就会在此基础上进行推销，那么顾客

很有可能会被说服。

　　王超在机场候机时走进购物广场的一家西装店，售货员安白看到他后，迎上前来："先生好，您想要休闲款还是正式款的西服？"

　　王超特意走开一点，说："我随便看看。"

　　售货员安白在这里使用的就是假定成交法，不管王超回答哪一个问题都可能促成交易。

　　因此，王超又很谨慎地说："我就随便看看。"

　　安白进一步说："先生，我看您一直在看正式款的黑色西服，那您喜欢双排扣还是单排扣的，我替您拿一件来试一试。"

　　双排扣还是单排扣？这又是一次假定成交的尝试。

　　这次，王超沉默以对。安白话锋一转："先生，您是做什么行业的？"

　　王超自然地回答说："做外贸的。"

　　"先生，您真有眼光，店里有一套黑色西装特别适合您的身份，是两粒扣子的。我去拿来，您试穿一下吧。"

　　不等王超回答，安白就走到柜台旁翻找起来，边找边看似随意地问："先生，您穿多大码？175还是180？"

　　"175的。"当王超给出这个答案的时候，后面事情的发展就再也不受他的控制了。

"先生，您穿这件西装真的很合身，正好现在店里在做活动，这套西服原价 3800 元，现在只需 2800 元。您需要开发票吗？

"先生，这是您的缴费单，前面左转收银台交款，我帮您把衣服先包起来。"

10 分钟后，王超拿着包装好的衣服走出西装店，但他心里很纳闷儿：自己只是等飞机无聊地随便转转，怎么就花了 2800 元买了一套西装呢？

这就是假设成交法的魅力，它不谈及"是否购买"这一敏感话题，而是以暗度陈仓的方式，自然跨越敏感的成交决定环节，从而促使顾客做出决定。

"假设成交"是一种积极并行之有效的销售方法，它能有效节省推销时间，提高推销效率。

资深销售员都不会像新手一样，到了要签单时才假定这笔生意会成功，而是每次在谈判中都一遍一遍地假定顾客会成交。

"您希望我们什么时候上门安装？"

"您觉得什么样的价格合理呢？您出个价。"

"请问您买几件？"

"我们把这次公开课安排在下个星期五和星期六两天，您哪天可以派人过来呢？"

…………

这些都是假设成交的正确说法。

需要注意的是，对于较为熟悉的或个性随和、依赖性强的顾客，可以用假设成交法；而对于自我意识很强、过于自信的顾客，就不适合采用这种方法。

除此之外，在运用假设成交法时，我们要注意研究和观察顾客购买的心理变化，进而准确捕捉顾客成交的信号，及时给顾客一种强烈的心理暗示，使顾客对产品产生越来越浓厚的兴趣，进而促成交易。

当然，在使用假设成交法时，销售员一定要对自己和所销售的产品充满信心，因为你的这种表现会让顾客"捕捉"到，进而影响他的购买决策。

> 顾客不一定爱便宜，但都喜欢"占便宜"

喜欢占小便宜是人性的弱点，几乎人人都有这种心理，尤其是在购买商品的过程中，占小便宜的欲望就更加明显。但我们对占小便宜的心理进行深度分析就会发现，很多时候人们喜欢占小便宜不是因为有功利心，而是因为占到了"小便宜"就会有一种愉悦的心情。

少花钱买到心仪的东西，那种占到便宜的喜悦是难以言表的。顾客的这种心理被一些聪明的商家利用，结果他们赚得盆满钵满。比如，女性在购物的时候通常会利用不降价就不买的方式"威胁"商家，于是，商家最终"妥协"了，他们为难地说："马上要下班了，不赚钱卖给你好了。""今天你是第一单，算是图个吉利吧。""这是清仓价卖给你的，你可不要跟别人说啊。"

你看，女人以为自己占到了便宜。这种情况在日常生活中随处可见，精明的商家会以不同的借口促成交易，并且让顾客感觉占到了便宜。由此可见，大多数顾客并不太在意商品的真实价格，他们只是想买到更"便宜"的物品。

适当地给顾客一点利益是促成商品成交的润滑剂。顾客都想用最少的钱买到最实惠的商品，假如商家可以免费赠送一些小商品就更好了。在销售中，了解并掌握顾客的这种心理，并将这种心理利用起来，给他们一些小恩小惠，能更好地进行销售。

虽然说几乎每个顾客都有占便宜的心理，但是，他们又都有一种"无功不受禄"的心理。因此，精明的销售员通常会将顾客的两种心理结合起来利用，在做生意或者生意刚开始的时候送给顾客一些精致的礼物，以此来提高双方合作的可能性。

研究发现，占便宜的心理会让一个人感到心理满足，他会因为用较低的价格购买到质量较好的商品而感到愉快。

服装店里在售卖一件貂皮大衣，由于价格太高，在店里挂了很久也没有卖出去。还有两天就是元旦了，新来不久的服务员小赵想到一条妙计，她跟老板说一个月之内就可以把这件貂皮大衣卖出去。老板对此并不相信，衣服在店里挂了一年多，进店顾客只是问问价钱就摇头走了，怎么会在一个月内卖出去呢？但他还是愿意让小赵试一试。

小赵让老板按照她说的做：无论谁问这件貂皮大衣卖多少钱，都要回答 5 万元。实际上，貂皮大衣原来的售价只有 3 万元。

到了元旦那天下午，有一位女士来到店里，在店里转了一圈后，看上了那件貂皮大衣，就问小赵："这件衣服多少钱啊？"

小赵假装没有听见，还在忙自己的事情。女士提高音量又问了一遍，小赵才反应过来，对女士说："不好意思，我是新来的，不太清楚价格，我问一下老板。"说完她就冲着办公室喊道，"老板，那件貂皮大衣多少钱？"

老板在屋里说："5 万元！"

"多少钱？"小赵又问了一遍。老板还是回答："5 万元！"老板的声音非常大，女士听得很清楚，她感觉太贵了，打算离开。

这时候，小赵却说："老板说 3 万元！"

女士一听，心花怒放，以为是小赵听错了，自己可以少花 2 万元买到这件衣服。于是，她试穿了一下，觉得很满意，马上付钱离开了。

顾客爱占便宜的心理被小赵运用得很好，衣服轻松地就卖了出去。其实，在很多世界顶尖销售人员的成功法则中，利用价格的悬殊对比来获得成交是一种常用的方法。

顾客爱占便宜，那么我们就给他便宜占。优惠手段是促进销售最常用的方法之一，有时候，优惠政策运用得当，能够让商品销量翻倍。

顾客先看的是优惠价格，然后，他会跟你的竞争对手的商品做比较，假如你没有让顾客感觉到实实在在的实惠，他很可能会离去。因此，销售员不仅要注重商品的质量，还要满足顾客想要优惠的心理需求。

第 六 章

顾客不一定都理性，需要销售员引导

　　销售员要特别注意观察和分析顾客的性格，学会拉近与顾客之间的距离，准确地把握顾客的心理变化，对症下药，这样，销售过程就会十分顺利。

> 内向型顾客：用真诚去打动他

每个人的性格都是不一样的，因此，这也造就了他们的行为会不一样。比如说，有的人动不动就双颊绯红、词不达意、手忙脚乱。这种人大多是内向的，他们往往感情深沉，待人接物总是小心谨慎，思维活动又倾向于内心，不善于对人表达。有时候，他们甚至害怕与陌生人接触，喜欢一个人待着。

在购物的过程中，说话少的顾客通常会精挑细选，甚至很长时间都拿不定主意，这就导致销售员的工作无法正常开展。尤其是在销售员上门推销的时候，说话少的顾客戒备心更强，他们对销售员的态度较为冷淡，说话甚少，这会导致交谈变得很沉闷。

虽然说话少的顾客经常会默不作声，看上去反应有些迟钝，而且对销售员会表现出不屑一顾的神情，但是，他们的内心在认真倾听，并且开始琢磨商品的好坏。这类顾客天生有一种对陌生人戒备和警惕的本能，所以，他们无法表现出热情，就算是对销售员的观点表示赞同，他们也仅仅是简单回应一句。这种表象会让销售员感到压抑，觉得顾客不愿意搭理自己，甚至以为他们对自己的商品不感兴趣，因此很可能主动放弃推销。

对于内向型顾客，销售员要注意去创造一个轻松的环境，温和地对待他们，从而让他们紧张的情绪缓和下来。比如，在交谈时要尽量避免人多的地方，可以多谈谈对方的优点，也可以多谈谈自己的私事，诸如自己遭遇的尴尬事，从而帮助顾客消除紧张情绪和害羞心理。

张丽做服装生意已经 10 多年了，这天，一位男士走进店里看衣服，年轻的售货员小于快步迎上去跟他打招呼，问他有什么需要。男士看了一眼小于，说道："我随便看看。"说完又独自来到某款衣服前仔细看了起来。

坐在柜台内的张丽从男士一进门就开始注意他了，她发现当小于去跟他打招呼时，他明显表露出害羞和紧张，因而断定他是一位内向的顾客，如果让活泼的小于继续跟进，势必会搞砸一单生意。于是，她就示意小于到她这边来，并告诉小于这位顾客她要亲自接待。

通过观察，张丽发现男士想买一件上衣，而且他对低档衣服几乎一掠而过。了解这些信息后，张丽笑着走了过去，做了简单的自我介绍后说："先生，您打算买件上衣吗？这样，我们去那边坐下来谈谈吧，那边比较安静，而且有不同的样品图片，您选定之后可以再看实物。"

听了张丽的话，男士就跟她过去坐了下来。刚一坐下，张丽就说："不好意思，您稍等一下，我手机落在那边了，我去拿一下。"男士随即说了声"没关系"。其实，此刻张丽并非真的需要手机，她只是想给男士的紧张心理留一些缓冲的空间，为此才故意制造了小失误。

张丽很快就回来了，还没坐下就发牢骚道："唉，也不知道怎么了，最近记忆力越来越差，前天去超市居然把包落在了购物车上，回家坐公交车时连票都买不了，弄得一车人都笑我。"

张丽尽量用一件件尴尬事帮助男士消除心中的紧张和害羞，而男士也在张丽的引导下逐渐缓解了紧张情绪，接起了话茬："其实每个人都会有不小心的时候，我也经常这样。"很显然，他对张丽表示了信任。

接下来，男士主动将看中的样品图片指给张丽看，张丽告诉他："这是今年最流行的款式，面料、做工都是上乘的，很多顾客都选了这款。"接着，张丽让小于将衣服拿了过来，并且让他到试衣间试穿。

最终，这位内向的男士买下了这件价格不菲的上衣。

张丽巧妙设置的"粗心大意",成功缓解了顾客紧张和害羞的情绪,有效地拉近了自己与顾客之间的心理距离,为交易成功奠定了基础。

针对说话少的顾客,推销专家还特别提出建议:销售员在沟通中要富有条理性和专业性,将商品的优点和缺点全部展示出来,从而提供更为全面的信息,同时还要有耐心,适当地保持沉默,让顾客有足够的时间去思考、抉择。

俗话说"沉默是金",这句话是商人做生意时的"黄金法则"。在商业往来中,聪明的商人通常会适当地保持沉默,当一个倾听者。这样做的好处是,一方面可以给合作者留下一种工作严谨的印象,另一方面也可以为对方留下适当的思考时间。

王锐是某品牌电脑的代理商,有一天,一位先生来到他的店里选购电脑,柜台里的两名销售员马上过去主动打招呼,而且再三询问他所需要的机型。

两名热情洋溢的销售员让这位先生有些窘迫不堪,他涨红了脸说自己只是随便看看。

王锐在远处观察发现,这位顾客是一个比较内向的人。他同时判断出,实际上顾客已经看中某款型号的电脑,只不过因为配置或价格等因素，他一时下不了决定，显得有些不知所措。

这时，王锐赶紧上前将这位先生请到自己的办公室，对他说："先生，您是不是看上了某款电脑？放心，价格问题可以通过机型配置来定。假如确实有您喜欢的，在价格方面我们能够给您最大的优惠。先到这边坐下休息一会儿，我拿机型配置单子给您看看。"

那位先生听了王锐的话后，坐了下来。聊了一会儿，对方明显对王锐有了信任感，王锐按照对方的想法帮他推荐了一款适合的机型，而且价格也非常实惠，最后顺利地完成了交易。

那些说话少的顾客虽然不会轻易说出自己的看法，但他们的心里肯定有数。一旦他们愿意发表意见，所提的问题往往会直击要害，很实在，也很尖锐，有时会让销售员无法应对。

事实上，说话少的顾客不是那种冷若冰霜、难以沟通的人，只要你认真观察，做出判断，就可以掌握他们的心理活动。等到他们觉得你比较诚恳时，就会自然地表现出友好的一面。等到彼此熟悉起来，他们会信任你，甚至会让你替他们做选择。

因此，销售员要特别注意观察和分析顾客的性格，学会拉近与顾客之间的距离，准确地把握顾客的心理变化，对症下药，这样销售过程就会十分顺利。

> 外向型顾客：切忌啰唆

相对于内向型顾客，大多数销售员更喜欢跟外向型顾客打交道。跟外向型顾客交谈总是非常愉快，但是每次到了快要成交的时候，我们才意外地发觉，原来外向型顾客也不好"对付"——有时候，我们还在介绍产品，外向型顾客突然就转身离开了。

为什么会这样？原因只有一个，那就是外向型顾客讨厌啰唆。如果你介绍产品时说个没完没了，对方肯定会唯恐避之而不及。

跟外向型顾客做交易，要看准他们的爱好，言谈举止上要尽量能够引起他们的共鸣，在价格方面还要再做出一点让步。千万要记住，不要跟他们谈兴趣之外的东西，除非你不想跟他们做交易。

出版社的图书发行专员纪凯去一家图书大卖场推销单位出版的新书，当他来到图书大卖场老总的办公室时，偶然看到书架上放着好几本旅游攻略方面的书籍，刚好他也喜欢旅游，于是就跟老总聊起了旅游话题。

两个人聊得火热，从大众旅游景点聊到了小众的地方。到中午的时候，老总才想起这名图书发行员来这里是推销新书的，于是问："你们社主要出版什么类型的书籍，把书单拿来我看一看。"

纪凯赶快拿出书单，并向老总介绍哪些书比较热销、哪些书适合什么读者。

听完介绍后，老总说："好的，我知道了，现在把你认为那些能热销的书都签一下吧。"就这样，从相识、聊天到相熟，双方在旅游话题上找到了共同点，最后签订了购书合同。

从上述案例中可以看到，纪凯一进入这家公司老总的办公室，就敏锐地从书架中发现了老总的爱好，并找到了跟老总的共鸣点，最后相谈甚欢，也顺利签单。

找到"共鸣"，找到你与顾客之间的"共同话题"，说难不难，说简单也不简单。因为，你们是第一次见面，如何做到能够第一时间消除顾客对你的戒心和陌生感，这显得至关重要。所以，你唯有通过敏锐的观察才能成功，例如：对方的发型、穿着，说话时的声调、语气等。若顾客是公司高层，有自己的办公室，那更可以从墙上的画、书架上的书、柜子中的摆设等来判断顾客的喜好。

当你能够准确地找到与顾客之间的共同话题后，谈话自然会顺利地进行。那么，如何判断你找的话题与顾客之间有共鸣呢？这可以通过观察顾客的反应来进行——好的话题，当你一开口时发现也是对方熟悉的，这说明有的谈；而发现对方对这个话题感兴趣时，这说明可以深谈下去。

所以，找到与顾客之间的共鸣，不仅会使交易进行得顺利，更会让你在工作中多交一个朋友。因此，每个人都应该学会如何去寻找与他人之间的共同话题，从而让双方产生交流的共鸣。

我们还会发现，对于自己喜欢的或感觉不错的产品，性格外向的顾客会明显地表示出自己的喜爱，同时购买的热情也非常高。而对于自己不满意的产品，他们则会直截了当地拒绝，不会给销售员留半点面子。

可以说，这类人一般都有主见，能够迅速地判断自己是否要购买商品。但是他们的判断缺乏客观性，往往完全由主观意识决定。因此，销售员一定要找到他们喜欢的话题，从而让销售的气氛更融洽，促使他们做出购买的决定。

小莉在房地产销售行业已经工作五年了，在这五年里，她从最初被人欺负的"菜鸟"成功地历练成了人人敬佩的销售高手。

小莉很善于总结，每天在睡觉之前都会完成一件事：将一天内遇到的顾客类型进行分类，并找出一种最好的应对方法。就这样，随着经验的积累，面对各种类型的顾客，小莉都能应对自如。

一天，一位自称蒋先生的人打电话说要过来看房，预约好见面地点后，小莉便急匆匆地前往。到了约定的地方，她刚下车，蒋先生就笑着走过来说道："你好，速度还挺快啊！"

小莉一下子就判断出对方是一位性格开朗的顾客，与这类顾客交流，一定要避免扭捏和做作，而应以一种豪爽的态度去接触。想到这里，小莉就热情地一边跟蒋先生打招呼，一边主动去跟对方握手。

在看房子时，蒋先生的电话突然响了，他跟小莉打了声招呼就到走廊里去接电话。差不多10分钟过去了，蒋先生终于聊完了电话，快步走向小莉，并感慨地说："10多年没见的发小，今天终于有了消息，很难得啊！"

小莉应和着说："真是不容易，恭喜您。其实我也一样，我和大学同学都有四五年没见面了。曾经大家朝夕相处，如今各奔东西。想聚会却一直没机会，这是一种惆怅，更是一种无奈啊！"

蒋先生听着小莉的感慨，就像是轻轻道出了自己的心声，于是说："是啊，连你们年轻人都有这种感慨，更别说我这个年纪的人了。"

他们一边聊着，一边继续看房子。小莉并没有特意地向蒋先生推荐，也没有说这套房子有多么好，只是简单地介绍了几句，就让对方自己去看了。

当然，小莉也不是什么都不做，而是静静地跟在蒋先生身后，应答着对方提出的种种问题。小莉清楚，蒋先生是一位很有主见的人，如果他喜欢这套房子，不用介绍他也会购买；如果他不喜欢，即便做再多的介绍也无济于事。因此，小莉除了回答蒋先生提出的问题，就顺着对方的意思跟他聊起了刚才他说起的发小的事。

看房结束后，蒋先生告诉小莉这套房子不错，回去考虑一下再说。就这样过了一个月，蒋先生又来找小莉，问她那套房子是否还在。当得到肯定回答后，他立即告诉小莉，他要以全款买下那套房子。

当小莉敏锐地判断出顾客的类型时，抓住了他对友人的怀念之情，让对方感觉到小莉与他是志趣相投的。因此，接下来看房的过程就在一种轻松、愉快的氛围中进行了。

从上面的案例中可以看出，与外向型顾客交流沟通时，可以多谈一些他们感兴趣的题外话，也就是说，不要将销售目的轻易地表露出来。

一般情况下，外向型顾客更愿意与销售员交流，但是不喜欢一开始就着重谈生意，否则很容易让他们感觉无趣，会觉得销售员不近人情，太急功近利。

与听到销售员一本正经的讲解相比，外向型顾客更愿意与销售员达成一种轻松的关系，他们喜欢与销售员做朋友，也就是说更愿意从朋友手中买到自己中意的产品，而不愿意从一个陌生又冷漠的销售员手中买产品。

因此，与外向型顾客交往时，要懂得与他们交朋友，不要做作，也不要扭捏，大大方方地谈一些对方感兴趣的话题，才能在做生意之前赢得他们的心。

> 虚荣型顾客：你要不停地赞美

销售员经常会遇到一些虚荣的顾客，这类顾客非常看重品牌，他们甚至不关心商品的实际用途，经常将名牌商品挂在嘴边以此来炫耀自己。

这类顾客实际上很容易接待，销售员只需要给他们介绍那些知名的品牌，并对他们赞美一番，就可以成功完成交易。

方莹在某百货公司的一家高档品牌箱包店当导购员。一天，一位贵妇走进店里，方莹看到对方戴着一颗很大的钻石戒指，她心中有了主意，大方地迎过去，趁势惊奇地问道："哇，您这颗钻戒好耀眼，值不少钱吧？"

"没多少钱……"贵妇笑眯眯地说，"只有70万元而已。"

"我什么时候才能拥有这样的珠宝啊！"方莹故意叹了口气，接着说，"不过，就算是我戴上，别人一定会认为是假的，因为我可没您的这番气质。"

听了这话，贵妇早已心花怒放，而方莹继续说："看您的穿着打扮，既时尚又高贵，您这样的人如果再手提一个我们的品牌包包，就显得更加完美了。"

这位贵妇听到方莹对她如此赞美，再加上这个品牌的包确实很时尚，她便一次性买了两个。

每个人都有一点虚荣心，有的人主要表现在对待孩子的学习成绩上，而有的人则体现在注重他人的赞美上。不管是哪种类型的人，销售员都应该对他们多赞美，然后再做一定的引导，这样往往很容易促成交易。

有一位身材高挑的女子来到一家品牌服装店买衣服，试了很多件衣服后，她依然觉得没有合适的。看到这位女子不断地叹气，经验丰富的老板走上前说："你的身材这么好，穿什么衣服都好看。不如试试这件吧，一定非常适合的。"老板一边说，一边递给对方一条裙子。

听了老板的赞美，女子心里很高兴，于是到试衣间里换上了那条裙子。她在镜子前直起身仔细打量了一番，老板接着说："真是太漂亮了，没想到你穿上这条裙子气质倍增啊！"女子看了看镜中的自己，露出满意的笑容。

赞美是非常奇妙的一个现象，有时候会影响一个人的决定。有一位美国商人在谈生意的时候有一个重要的诀窍：每次都谈论对方最引以为荣的事情。所以，你要想方设法找到顾客的心理需求，发现顾客引以为傲的事情，然后当面赞美他。

或许你也有过被人赞美的体验，虽然你明知道那是他人的奉承话，但是心里依旧会很舒服。这是因为每个人都有一种被他人肯定和赞美的心理需求，也就是说，一个人得到别人的赞美，一般不会感到厌恶，除非对方赞美得太离谱、太夸张。

事实上，赞美话说得越得体，越容易赢得顾客的好感，继而获得他们的信任；同时，还要注意赞美要真诚，表现出一种真心实意的态度。赞美能让顾客觉得符合自身的心理期待，能让他们产生愉悦感。

赞美顾客的时候，一定不要讲出与事实相差十万八千里的话。比如，你看到一个表情有些困意的孩子时，却对他的母亲说："你的孩子看起来好精神啊！"对方一定会认为你是在讽刺她。你可以改变说法，比如说："你的孩子看起来很健康。"这样效果会好一些。

总之，面对虚荣的顾客时，你一定要赞美他们，而且赞美要发自内心，要坦诚。

> 犹豫型顾客：需要你做个好"参谋"

犹豫型顾客通常做事谨慎、优柔寡断，在购买商品的过程中小心翼翼，生怕自己吃亏。也许是因为他们的购物经验不足，或是对产品不够熟悉，所以在购买过程中会对销售员察言观色。他们会挑剔销售员的言谈举止以及着装是否得体，不放过销售员的一丝错误，对销售员所说的每一句话都会认真地琢磨，只要有一点不清楚的地方都会提出问题来。当他们将所有问题搞清楚之后，才愿意下单。

对待这类顾客，你需要拿出十二分的耐心，针对其顾虑，从产品的价格、性能、作用、使用方法以及顾客自身状况等方面入手，多角度反复说明，而且还要有理有据，这样才能增加说服力。

另外，犹豫型顾客往往比较消极，购买意图不明确。对此，销售员应该积极接待，并利用一些广告宣传手段来激发他们的购买欲望。

　　一位大妈来到某超市的糕点区挑选面包。超市糕点区每天都会有新品，看到各种面包，大妈不知道该选择哪一种，拿起这个看看，又拿起那个对比一下，每看一种还要问售货员价格多少、是什么口味。

　　售货员看到大妈犹豫不决的样子，便不耐烦地说："都是面包而已，其实都差不多啦，你随便买几个回去尝尝就知道好不好吃了。"面对售货员不耐烦的态度，大妈放下手里的面包，转身离开了。

　　这位大妈属于典型的犹豫型顾客。售货员在接待这类顾客时，不能不耐烦地说"差不多""没什么好比较的"等让顾客不满的话，而是应该主动、耐心地拿出几种面包请顾客自行比较，关键时刻给予意见，以满足他们的购买需求。

　　在销售过程中，会遇到很多不同类型的顾客，其中让销售员最头痛的莫过于犹豫型顾客。有时候，销售员苦口婆心地说了很长时间，可是顾客还是拿不定主意，所以销售员的辛苦付出得不到相等的回报。

　　瑶瑶是某保险公司的推销员，有一次，她在推销产品时遇到了犹豫不决的程女士。

　　瑶瑶说："非常高兴认识您！实在是太巧了，您准备买的保险跟我自己上的保险完全一样。"

程女士说："真的吗？你们内部人员也买自己的险种吗？"

瑶瑶说："当然了，虽然我们是保险公司的人，但也会遇到各种风险——险种好，我们自己就会买！"

程女士说："实际上，这个险种已经有好几个业务员给我介绍过了，但是我一直不太明白，所以就没有上心。"

瑶瑶说："那我再给您说一下吧，要是您满意的话再考虑购买。这个险种，实际上是一个定期生死两全保险，不过有期限，假如缴费期20年后被保险人依然健在，就能够获得5万元，还会有一定额度的红利。如果您在20年中不幸身故，保险公司会赔付5万元。"

程女士说："一份保险503元，我买5份，也就是说每年得缴2515元，20年总共要缴50,300元，如果最后我只获得了5万元，这不是亏了吗？"

瑶瑶说："理是这个理，但是，您仔细想想，买了这份保险就已经有了5万元的保障。实际上，您只是花了15元买了最便宜的附加定期寿险！"

程女士说："'附加定期'又是什么意思？"

瑶瑶说："就是在一定的时间段内，比如20年，被保险人如果发生了什么意外，保险公司依然会按照额度赔付。假如您买了5份，就可以获得5万元的保障，这比我们公司现在推出的附加幸福定期寿险、附加意外伤害险还要划算呢。另外，您还能享受到我们公司的住院费用以及住院安心补贴！"

程女士说："可是，你们公司比其他公司的缴费更高啊！"

瑶瑶说："也许您没有发现别的公司在保额上与我们不一样，您在我们这里买的险种可以享受更大、更多、更全面的保障。"

程女士说："假如我买了一年期的险种，要是我不出险，不就亏了吗？"

瑶瑶说："买保险是希望给自己带来一份保障，没有人希望出事，我也希望最后您平平安安地拿到红利。不过，有一份保障总比没有的要好，希望您能慎重考虑一下，因为这个险种有时间限制，过一段时间可能就取消了。"

程女士说："这样啊，那就买了吧！"

就这样，在瑶瑶耐心的讲解下，犹豫不决的程女士终于下了订单。

犹豫型顾客通常拿不定主意，不知道该怎么做选择，这时候就需要他人替他们拿主意。因此，销售员要把握好机会，成为顾客信任的人，助其做出决定，完成交易。

顾客购买东西时，难免会表现出犹豫不决、左右为难的样子，这时该如何应对呢？

1. 直接成交法

销售员可以向顾客主动提出成交的要求。使用直接成交法的时机是，顾客对产品有好感，也流露出购买的意向，只是一时拿不定主意，或不愿主动提出成交要求。

2. 假定成交法

销售员在假定顾客已经接受销售建议并同意购买的基础上，提出一些具体的成交问题，直接要求顾客购买商品。例如："张女士，这套护肤品没有年龄界线，你还能跟妈妈、姐姐一起用，功效也很明显。"

3. 选择成交法

直接向顾客提出若干购买方案，并要求对方选择其中一种。例如："这套产品，你要一套还是两套？"还有："我们周二见，还是周三见？"你所提供的选择事项应让顾客从中做出肯定回答，而不要给对方拒绝的机会。

4. 保证成交法

产品售价过高，或者顾客对此种产品并不十分了解时，直接向顾客提出成交保证，可以增强对方的信心，使其立即成交。例如："您放心，这款产品保证好用。您住的小区就有好几户人家用我们的产品，我可以介绍你们认识一下，还能交流一下使用心得。"

> 随和型顾客：你要有足够的耐心

在销售活动中，销售员最喜欢遇到随和型顾客。这类顾客很好相处，他们大都能够宽容待人，而且做事很有耐心，从不故意刁难销售员，对销售员的意见也很愿意听取，就算不喜欢也不会直接拒绝而让销售员下不了台。

当销售员跟这类顾客沟通时，他们通常会说"好"，而且不管什么时候，他们都会用"好"做结束语，唯一说"不"时，就是他们不愿意购买产品时。他们在购买产品的时候会考虑很多，而且不会因为别人的话改变主意，他们经常会问："这个产品的操作性能怎么样？会不会不好操作？"

对于随和型顾客，销售员如果想要顺利推销自己的产品，就一定要注意他们的行为特点，从而有计划地展开推销。比如，选择一个良好的时机，提供一份关于产品的详细资料，同时给出一个合理的价格。因为随和型顾客会做多种比较，假如你的产品不比其他产品更实惠，他们很可能会放弃购买。

通常来说，随和型顾客还有一个特点，就是在做决定时总是犹豫不决。因此，在销售过程中，对待随和型顾客，销售员要有耐心，时刻警惕不要被他们说服，而是要采取多次拜访、多次劝说的方式，用自信的言谈去征服他们，从而牢牢地将主动权握在自己手中；同时，还要不断地鼓励他们多提一些有建设性的意见，以促使他们早下决定。

张大爷是一个很随和的人，平时与人相处融洽，见谁都是笑脸相迎。

有一天，张大爷到家门口的商场转转，路过一家茶叶专卖店时，老板刘涛热情地迎了上来："张大爷，进来歇歇脚吧，我们新进了一批茶叶，您品品。"

"好！"张大爷笑着走了进去。

刘涛为张大爷沏好茶，然后跟他攀谈起来。刘涛是福建人，家乡人都以种茶为生，因此对茶有很深的了解。当刘涛得知张大爷的老家也在福建时，又跟他谈起了家乡的风土人情。

品完茶聊完天后，刘涛又将自家的茶叶和茶具产品简单地向张大爷介绍了一番，张大爷不断地点着头，最后满意地离开了。

在接下来的一个月当中，每当看到张大爷经过店门口时，刘涛就热情地招呼他进来喝茶聊天。过了一个多月，张大爷专门来到刘涛的店里，买了很多茶叶和茶具，说是打算送给要好的朋友。

刘涛通过对顾客外貌、言语举止的分析，得知张大爷是一位很有修养且很好说话的随和型顾客，先通过喝茶聊天取得了张大爷的好感，紧接着又继续跟进，在多次接触下，终于使张大爷与自己成功地进行了交易。

有些销售员一遇到随和型顾客，就会生出一种"对方好欺负、好忽悠"的想法。其实，如果你真的欺负或忽悠了这类顾客，那么，你最终会被他们抛弃。

随和型顾客能够由衷地赞扬他人，会理解和体谅他人，也很懂得争取自己的利益，但是决不允许他人欺骗自己。为此，在与随和型顾客交往时，销售员事先要对他们进行一番了解，比如他们的兴趣爱好，从而为第一次与他们见面打下良好的基础。

另外，销售员在面对随和型顾客说的"再考虑考虑"时，不要轻易放弃，要知道这是他们一贯的做法。如果你听到他们说"考虑一下"就灰心丧气，很容易白白流失一份可以到手的订单。

> 顾客都有惰性心理，要让他不断点头说"是"

惰性心理，是指顾客在购物的时候，一旦需要耗费更多的时间和精力便会放弃，而选择相对简单的处理方式。惰性心理使顾客容易跟着别人的思维走，特别在较为轻松和相对疲惫的时刻，别人的话更能打动他。

人的惰性是与生俱来的，不管在做什么事情的时候，人们都喜欢能轻松就轻松、能简单就简单，没有人喜欢把简单的事情复杂化。顾客更是如此。如果顾客一旦发现购物比较烦琐，或者下决定比较困难，就有可能打消购物的念头，哪怕是自己非常需要的商品。

惰性心理带给销售员的启示是，要学会引导顾客的思维，引导顾客一步一步地走向自己想要的结果。

实际上，很多顾客都是盲目的，只要引导得当，让他们能够不断地说肯定性的语言，如"是""对"等，很多情况下是可以成交的。请看下面的对话：

顾客："这件衣服的价格过高。"

销售员："我了解您的感受，您可能对这件衣服的质地不太了解，但这件衣服的设计以及颜色是不是您见过最喜欢的呢？"

顾客："是的。"

销售员："您的身材这么高挑，穿上这件衣服一定很衬您的身形和气质，您有没有第一眼就觉得这件衣服是最入您眼的呢？"

顾客："是的。"

销售员："再看这件衣服的质地，您摸一下，有一种柔滑的细腻感。这是真丝的，您在其他店肯定看不到把材料、样式都结合得这么好的衣服，才在这里一眼就看中了这件衣服吧？"

顾客："那倒是。"

销售员："那么，除了这个问题，您还有其他问题吗？"

顾客："没有了。"

销售员："我看您也是真心喜欢，跟您聊天也觉得很投缘。我们这个牌子本来是不打折的，这样吧，我给您一个八五折，算是咱们交个朋友。现在我给您包起来，您看好吗？"

顾客："好的。"

以上就是一个非常标准的销售流程，销售员一直在引着顾客的思路跟着自己走。这名销售员之所以问这么多的问题，就是促使顾客在说了多个"是"之后，形成一种惯性思维，最终完成交易。

在人与人的交流中，肯定性语言可以增进彼此的亲密度，而否定性语言则会使彼此的关系变得疏远。在交易中，如果能引导顾客多说"是"等肯定性话语，说多了之后，顾客就很难说"不"。

除了让顾客说"是"，还有一个关键点，就是减少顾客的选择性。如果有太多的选择，顾客往往无从下手。

顾客在三个或更多的选择面前会变得迟疑，所以销售员以向顾客提供两种建议为最佳，即所谓的"二选一"。此种策略既给了顾客选择的权利，又缩小了选择的范围，最大化地降低了顾客购买商品时的犹豫心理。

二选一策略，包括两个因素：一是要将顾客视为已经要购买你产品的思想来引导；二是用肯定的方式来不断向顾客提问。例如，在产品的颜色、大小等问题中提出"二选一"，由顾客任意选择。

那么，销售员应该怎样利用二选一策略来应对顾客的推托，并始终将主动权掌握在自己手中呢？

如果顾客说："我喜欢比较休闲一点的大衣……"那

么，你可以说："这位女士，那您来看一下这边的两款，这两款都是休闲的，一种是长款，一种是短款。长款显得您特别有气质，短款使您看起来更加精神，您看要选择哪一款呢？"

如果顾客推托的理由是："我还要回去跟我老公商量一下，今天我只是经过这里先来看一下。"你可以说："我完全理解您的想法，跟老公一起商量一下会更加稳妥。那您看，明天下午还是后天上午，这个时间段您和您老公一起来看看如何？"

有经验的销售员非常善于利用这个策略来引导顾客购买商品，而且屡试不爽。

心理学表明，人们都有一种习惯，就是跟随最后的选择。当你想让顾客跟随着你的意愿进行选择时，不妨试试给顾客一个二选一的选择，并把你希望顾客选择的那一个放在最后。

无论顾客想用什么方式来推托，你都可以采用二选一的方式掌握整个销售过程的主导权。即便顾客推托的理由有些牵强，推托的痕迹也很明显，身为销售员，你不能表现出不悦或者去反驳顾客，而是无论顾客说什么，你都要先表示赞同——只有赞同顾客的意见，顾客才会给你说话的时间，你也才有机会运用二选一的策略。

> 空鸟笼效应：一点点把顾客带到"套路"中来

经常做美容的女性朋友，可能会对美容师推荐产品时说的话印象深刻。

在顾客享受美容服务的过程中，美容师会冷不丁地称赞顾客皮肤好，让顾客内心高兴起来，然后及时来个转折：提出顾客皮肤的不足之处，也就是需要保养的地方。此时，面对事实，顾客也不得不承认自己的皮肤需要保养。

话说到这里，美容师会主动提供一款产品给顾客体验，帮助顾客解决皮肤不足之处带来的问题。例如，美容师会说："没事，待会儿我用 A 牌的爽肤水给你擦擦，你会感觉好很多的！"

等顾客对美容师心存感激之后，美容师会继续称赞顾客皮肤其他的优点："你的皮肤好白呀！"然后又进行转折，指出其不足，"可就是没有什么血色，白中带黄，可能是你没有休息好吧？"

此时，顾客会不由自主地承认自己皮肤不好是因为近期加班太累了，毕竟没有一个人乐意承认自己先天有不足。

美容师顺势回到刚才她推荐的那款产品上来，说："A产品是专门去黄斑补血气的，特别适合你的皮肤，要不要带一瓶呢？"

此时顾客当然会迫不及待地想买了。你看，在愉快地交谈之中，美容师成功推销出一款产品，搞定了一单。

接下来，事情会怎样发展呢？为了让自己的皮肤变得完美，大部分女性朋友会选择购买美容师推荐的 A 牌爽肤水。

这个事例反映出心理学中的"空鸟笼效应"，它又称"鸟笼逻辑"——被誉为人类无法抗拒的 10 种心理之一。

空鸟笼效应是由心理学家詹姆斯从身边的一个故事引出的：把一个美丽的鸟笼挂在房间的最显眼之处，用不了几天，房间的主人就会在以下两种选择中做出其一——把鸟笼扔掉，或者买一只鸟回来放进鸟笼。

原因很简单，因为当客人看到房间里有一个空鸟笼时，一定会问："鸟笼里的鸟儿去哪里了？"这是人们跳脱不出的惯性思维逻辑：看见房间里有个鸟笼，就认为里面要有一只鸟。

在销售工作中，销售员如果能灵活运用空鸟笼效应，也能让顾客被影响，接受说服而购买产品。

　　这天，出版社编辑部主任李霞去拜访自由撰稿人张章，想跟对方约稿。寒暄之后，李霞发现张章书桌上摆放着很多杂志和书，发自肺腑地惊呼："哦，太棒了！看得出来，张老师十分喜爱阅读各种书籍和杂志。"

　　原本张章是打定主意给李霞吃闭门羹的，可这一真诚的赞美让他很受用，于是，他放下了手里的工作，抬起头与李霞谈起图书的市场需求与一些写作风格。

　　针对张章的说法，李霞拿起那些书翻看着内容进行了对比，对他的想法与做法表达了钦佩。张章说："我从事自由撰稿工作，肯定要消息灵通，如果不是这样的话，写出来的文章就没有市场。"

　　这时，李霞从包里拿出本社出版的几本畅销书，说："你说得太对了，请你看看我策划编辑的这几本书，指点一下其中还有哪些不足之处。"半小时后，李霞走出张章的办公室，手里拿着一本书稿的合同。

　　每个顾客购买东西时，都是出于自己的需求。因此，销售员最佳的说服方法就是抓住顾客的心理动机。空鸟笼效应的本质，就是引导顾客遵从自己的心理逻辑，顺势而上——这种办法能收到立竿见影的效果。

第七章

顾客都有消费疑虑，拿出你的真诚来解决

心理研究发现，人们总是会对未知的事物产生自然的疑虑和不安，担心信息不实，或存在安全问题。这是疑虑心理的典型表现，如果不能有效地消除顾客的疑虑心理，交易就很难成功。

> 化解顾客的疑虑，给顾客安全感

心理研究发现，人们总是会对未知的事物产生自然的疑虑和不安，担心信息不实，或存在安全问题。这是疑虑心理的典型表现，如果不能有效地消除一个人的疑虑心理，人际交往或商务合作就很难成功。

消费中，疑虑心理是一种瞻前顾后的购物心理动机，其核心是怕"上当吃亏"。顾客在购物的过程中，对产品的质量、价格、功能等都会持有怀疑态度，怕买贵了，怕上当受骗，怕不实用。因此，顾客会反复询问销售员各种问题，并仔细检查产品，同时对售后服务保障也很关心，直到这些疑虑都解除了才会安心购买。

在决定购买的一瞬间，顾客又信心动摇、后悔，是常见的事。这样的顾客很令人头痛，销售员一定要打破这种被动的局面，善于化解顾客的疑虑，给他们一种安全感。

迅速有效地消除顾客的疑虑心理，已经成为销售员最重要的能力之一。

苏秦到数码电子商城购买数码相机,转来转去,他看中了一款单反相机。售货员阿德热情地接待了他,并交易成功。

在苏秦的试机咨询过程中,阿德不断地针对他提出的"价高""操作难度大"等疑问进行解答。这个解答的过程,实际上就是不断消除顾客购买疑虑,说服顾客购买的过程。

所以,销售员在推销过程中要牢记一个原则,即消除顾客的疑虑就是消除顾客的购买障碍。

顾客有害怕被骗的想法是很正常的,因为在过去的生活经历中,他们有可能遭遇过销售员的欺骗,有的顾客也会从新闻上看到一些有关顾客利益受到损害的案例。所以,他们往往无法直接相信销售员,特别是对一些上门推销的销售员,他们的心里更有排斥感。

一位金牌销售员曾说过:"作为一名销售员,如果你不去打动顾客,那么,你永远无法卖出产品。打动了顾客,也就取得了顾客的信任,只要顾客对我们没有了顾虑,完成交易就非常简单。"

在影楼工作的黄女士非常苦恼,她说:"很多顾客来了走,走了又来,他们都说:'你给我降价,我就在你这里拍婚纱照！'我们这个行业到底是怎么了？假如一位顾客去一家饭店，他一定不会说：'你给我降多少钱，我就在你这里吃饭，否则我去另一家了。'要是真的有人这么说，其他人一定会笑他是从外星球来的。然而，在我们这个行业里，不讨价还价的人反而像从外星球来的。"

实际上，顾客还价是因为怕被"宰"。影楼给顾客的印象是暴利行业，就算你报出了底价，顾客也觉得其中还有很大的还价余地。

让顾客有这种心理的原因，就是那些商家的促销做得有些过头了。比如，原价一万元的产品，过了一个星期就随便找个理由打八折了。这时，顾客就会想：肯定是产品本来就值几千元，要不然也不会降这么多吧？看来，平时他们赚了顾客不少钱，我可不要被他们骗了。

只要顾客产生这种心理，就会觉得价格越低反而越不敢买。

顾客需要的是质量好的产品，让自己感觉买得实惠。假如顾客从你手上买了产品，然后到其他家一看，只需要一半的价格就可以买到，结果你就成了反面教材。

很多顾客都怕被骗，面对销售员的时候，他们表现得很谨慎，害怕自己掉进销售员的"陷阱"里。对待这样的顾客，你千万不要急着成交，你说得越多，顾客反而觉得你值得怀疑，曾经被骗的经历让他们感觉你不真诚。你一定要找出他们无法接受产品的真正原因，然后消除他们的心理障碍，让自己变成他们的朋友。

有些顾客往往想买产品，但是又希望可以把价格砍下来，就会去找同类产品做比较。在与顾客交谈时，你最好让他们知道，不是所有产品都会有很大的降价空间，你要重点告诉他们买这种产品能获得什么好处；以后有了什么优惠活动，一定要提前通知顾客，将利益的重点放到顾客身上。

一般情况下，顾客的疑虑有以下四点，在这里针对不同的疑虑将进行不同的解答。

1. 顾客说："我要考虑一下。"

这种情况一般是顾客对产品有一定的兴趣，但也许因为没有听清楚介绍或者其他因素而无法下决心购买。在这种情况下，可以进行两种回答：第一，先询问清楚顾客考虑的原因，如："请问是刚才我解释得不够清晰吗？如果您哪里还有疑虑，您可以说出来。"第二，给顾客一个假设。假设马上成交的话，顾客能够得到怎样的优惠或好处；如果不买的话，可能会失去哪些到手的利益。

2. 顾客说："太贵了。"

这种回答方式，相信很多销售员都听到过，这是顾客最常用的拒绝用语。面对这种回答，可以从三点上来说明：
第一，相比同类型、同价值的产品，这个性价比是最好的。
第二，可以将产品进行拆分解析。将产品每个部分的价格
一一对顾客进行说明，因为每个部分都不贵，最后再组合起
来说明，会给顾客形成物有所值的感觉。第三，将产品的价
格分摊到每个月、每周、每天，这种方法对于一些高档服装
或价格昂贵的产品最有效。

3. 顾客说："能不能便宜一些？"

可以用三种方式回答：第一，交易就是一种投资，有得
必有失。不能单纯以价格来确定购买决策，光看价格就会忽
略品质、服务、产品附加值等，这对于购买者本身来说非常
遗憾。第二，可以这样强调："目前这个价位是厂家给的最
低价位，您要想再低一些，我们实在办不到。"第三，告诉
顾客，不要心存侥幸心理，在这个世界上很少有机会花很少
的钱买到高品质的产品，这是真理。

4. 顾客说："别的地方卖得更便宜。"

顾客在做购买决策的时候，通常会关注三件事：第一是
产品的品质，第二是产品的价格，第三是产品的售后服务。
销售员可以对这三个方面轮流进行分析，打消顾客心中的顾
虑与疑问；同时，提醒顾客现在假货泛滥，不要贪图便宜
而得不偿失。

> 通过怀旧，解除顾客的心理防线

怀旧是人类一种常见的心理活动，怀旧的人通常渴望在心理上得到一种安全感。

在现实生活中，人们却会面临各种变化，这些新的变化会让人们心里不踏实，有一种不确定的因素，可能是机会，也可能是风险。尤其是在社会处于快速发展的时期，人们更容易被变化的环境所影响，于是就渴望寻找一个熟悉的环境来缓解心理压力，寻求心理平衡。因此，怀旧也是人们寻求心理安全的自卫方法。

在美国密歇根州的休伦湖上，有一座名叫麦克依罗的小岛，岛上有一家格兰酒店就属于怀旧风格。

格兰酒店历史悠久，里面也曾几次改装修缮，为客人提供舒适的住宿和优雅的环境，但外貌依然保留着初建时的模样，门前长廊还因在世界酒店中保留时间最长而驰名于世。

客人们一踏上小岛，就会有身穿红色制服的服务员摇着铃铛一溜小跑迎上前来，嘴里不停地大声吆喝着："格兰酒店啦，到格兰酒店的宾客请到这边来。"随后用四轮马车把客人送到酒店门口。客人置身酒店，闲坐长廊，展望门前一望无际的绿色草坪，感受着周围宁静的气氛，会感到无比的轻松惬意。

格兰酒店独特的怀旧魅力吸引了无数名人、富豪前去光顾，这更增添了酒店的吸引力，提高了酒店的名声。

在人们的生活环境中，现代建筑随处可见，再怎么宏伟的建筑也会让人觉得没有什么值得留恋的地方。所以，生活在当代的人时时刻刻都想光顾一下过去那种风格的酒店、餐厅，不管是建筑外观还是服务招待，都有一种过去式的东西在里面。怀旧酒店就是抓住了顾客的怀旧心理，让他们享受怀旧的情怀和别样的服务。

经营酒店、餐厅如此，其他行业也是如此。要学会对不同的顾客做不同的心理分析，掌握并建立与顾客和睦相处的方法都很重要。

销售员一定要利用好人们的怀旧心理，了解顾客怀旧的人和事物，然后从中找到共鸣点。只有这样，销售员才可以更好地定位顾客群体，更有效地扩大自己的业务范围。

在跟顾客沟通的时候，销售员需要对顾客群体进行细分。通常来说，怀旧群体大致可以分为以下四类：

1. 年龄 40 岁以上的人

一般来说，40 岁以上的人很容易产生怀旧心理，他们更容易被旧时代的东西所吸引。

年轻人对生活没有太多的感受，他们的生活沉淀也比较少，每天就是在忙学习、忙工作、谈恋爱。而 40 岁以上的人则不同，他们有一定的空闲时间，很容易睹物思情，进而产生怀旧心理。特别是那些快到退休年龄的人，没有了学习、工作、家庭的压力，生活上也比较稳定，他们思考的时间也非常多。

另外，由于这个阶段的人经历了社会历史的发展，所以，对于过去的情景就会产生很多追忆。在遇到这个年龄层的顾客时，销售员可以利用他们的怀旧心理，跟他们进行恰当的交谈，让他们产生对过去美好生活的回忆，从而拉近你与他们的距离，让他们信任你，最后产生购买欲。

2. 有特殊经历的人

有着特殊经历和背景的人，通常会在某些方面产生一种趋同性，他们对于过去的经历很容易产生怀念和留恋的心情。比如，一起上下学的发小，共同执行过任务的战友……这些具有特殊经历的人，那个时代、那段经历在他们的心里留下了烙印，对人生有着特别的理解。如果你的产品能让他们产生共鸣，那么，他们就会购买你的产品。

3. 远离过去生活环境的人

这类人离开了他们原有的生活环境，但他们的心里依然有着过去生活的印记，因此，他们在消费的时候经常会表露出怀旧的情绪。比如，有些人过去的生活很贫穷，后来经过打拼取得了事业的成功。这时，你细致地观察他们就会发现，这些人的消费行为和生活方式依然受着过去生活环境的影响。

销售员如果无法掌握顾客的怀旧心理，那么就无法获得顾客的信任。只有了解顾客的心理活动，找准他们的需求，才可以轻松获得回报。

4. 不愿改变过去生活习惯的人

随着时代的不断发展，人们的生活环境越来越复杂，很多方面都有了较大的变化，产品更新换代频率加快，因此出现了前卫、时尚的人。但是，有些人不愿意接受新事物，因此，他们会在心里架设起一道屏障，对新事物加以抵制，对于那些能让人产生怀旧心理的商品则更加热衷。

从上面的分析可以发现，以上四种怀旧型顾客的怀旧心理形成的原因各不相同，因此，他们的怀旧情结也不同。销售员在进行销售时要采用不一样的策略，有针对性地对待不同类型的顾客。

> 当你表现出足够的专业性，顾客就会对你足够的忠诚

美国耶鲁大学心理学家斯坦利·米尔格莱姆曾通过一项心理学实验证实：人们喜欢跟着行家走，因为人们具有服从权威命令的倾向性。

这一点在顾客身上也有所体现。如今，除了少数产品处于供不应求的状态，大多数产品都供大于求，这样一来，顾客的选择就非常多。

在销售中，有的顾客对某些领域一窍不通，他们希望销售员能给出一些中肯的建议。比如，有的人是"电脑盲"，这就需要销售员告诉他：这个产品好在哪里，差在哪里。假如你不能及时回答顾客的问题，那么他就不会信任你。如果你回答得非常全面详细，就会让顾客觉得你在业务方面比较熟练，有很强的专业知识，进而打消心里的疑虑。

陈晓打算贷款买一套小房子，这样每个月的租房租金还买房贷款比较划算。刚好，有一家房地产开发商推出小户型

单身公寓，每套房子在 30 ～ 50 平方米之间，非常适合单身男女居住。

陈晓来到售楼地址后，售楼员方梅接待了他，先为他介绍了楼盘的内部环境，比如小区规模、布局格调、绿化率、车库等；然后，又介绍了小区的外部环境，比如公交站、超市、菜市场、学校、医疗机构、体育活动场所等。

介绍完所有环境后，方梅带着陈晓去看户型。她告诉陈晓，户型的好坏决定了一个家的品质，住宅的布局会直接影响每个家庭的生活方式。她还特别提醒陈晓，在选择户型的时候一定要特别注意房间的通透性。

随后，方梅又给陈晓介绍小区的物业情况，比如小区的物业管理，每天都会有保洁人员来维护小区内的卫生；小区的安全有保障，出入管理都是凭卡进出。

通过销售员的介绍，陈晓对这个小区有了更多的了解，回去后又做了相关考察，并对价格进行了同类比较，很快就决定购买了。

案例中的陈晓对房产知识一窍不通，售楼员方梅通过自己的专业知识，对如何看房、买房做了全面的介绍。最终，陈晓觉得她很专业，是个行家，因此，选择购买了这家房地产公司开发的楼盘。

这就说明，在销售过程中，销售员要通过自己的专业知识取得顾客的信任，让顾客觉得你是行家，那么，交易就很容易实现。

1. 了解顾客的需求

销售员要知道顾客想了解什么，然后用自己的专业知识获得顾客的信任。这就需要销售员平时多了解产品的功能，以电脑为例，销售员要知道电脑的配置性能、材质的品牌等。

2. 丰富产品知识

除了要了解自己的产品，销售员还要了解与产品相关的知识。以手机为例，如果顾客问你对苹果创始人乔布斯的看法，而你竟然不知道乔布斯是谁，顾客会怎么看待你？所以，一名合格的销售员不仅要有本行业的专业知识，还要对产品的相关常识做一些了解。

3. 帮顾客树立消费意识

销售是服务性行业，以星巴克为例，它会教自己的员工品咖啡、鉴别咖啡，普及与咖啡相关的知识。其他行业也是如此，我们不仅要把产品卖给顾客，还要在卖产品的过程中告诉他们相关知识，培养他们对产品的兴趣，这样才能提高交易的成功率。

> 货真价实，是减少顾客顾虑最有效的方法

很多销售员在销售过程中会遇到顾客不买账的情况，明明价格已经非常低了，但顾客就是不为所动。

经过研究发现，这是因为顾客对产品的质量有疑虑。顾客不仅希望所购买的产品价格便宜，而且希望买到质量好、实用的产品。此时，销售员需要做的就是获得顾客对自己和产品的信任，消除他们的顾虑，这样才能进一步向其介绍产品，最终完成交易。

韩梅是某化妆品专柜的销售员，在销售工作中，她常常会遇到顾客疑虑的情况。在应对这种情况时，她总能非常熟练、轻松地获得顾客的信任，并最终完成产品的销售。

韩梅："您好，您是想找护肤品还是化妆品呢？"

顾客："我先看一下，你们这儿有保湿类护肤品吗？"

韩梅："您来得正好，昨天有一款护肤品刚刚到货，如果您早来几天或是晚来几天就不一定买得到了。您看，这款

护肤品是一个套装，由洗面奶、保湿水和乳液组成，其中所添加的成分是非常有利于保湿的，同时它还有美白功能，能够在帮助您补水的同时提亮肤色。"

顾客："这款护肤品真的这么好吗？我原来用过的效果都不怎么样。"

韩梅："每家产品针对的人群是不一样的，您原来购买的护肤品可能不适合您的皮肤。这样，我们店里有一台皮肤检测仪，您可以先检测一下皮肤，再依据皮肤状况看您是否适合这款护肤品。"

顾客："好啊，我正想检测一下皮肤的状况呢。"

韩梅："经过检测，您的皮肤确实缺水，但您只买补水产品是不够的，因为您原来使用的护肤品可能不太适合您的皮肤，所以您的皮肤毛孔已经被堵住了，需要先对皮肤进行清洁才可以再补充水分。"

顾客："是这样啊，看来我需要一款清洁产品了。"

韩梅："不瞒您说，我原来的皮肤跟您差不多，不过后来我使用了这款清洁专用的毛孔导出液后，就将皮肤护理得好多了。您看，现在我的皮肤好多了吧？"

顾客："真的呀，那我也买一套试试。"

其实，在购买产品的过程中，顾客有担心上当受骗的心理是可以理解的，销售员自己在买东西时也会有这样的担忧。在应对这种情况时，销售员应从各个方面给顾客传递信息，告知他们产品的质量绝对有保证，售后服务也完善，以便尽快消除顾客的顾虑，使其放心地购买产品。

那么，销售员该用什么方法消除顾客的顾虑呢？下面就为大家具体讲解一下。

1. 推荐顾客真正需要且有价值的商品

充分利用自己的专业知识，全面、详细地向顾客介绍并推荐自己的商品，但不要急于成交，要给顾客适当的挑选、比较的时间。多提商品的实用性、物美价廉等优势，还可以让顾客试用一下。

2. 说明商品的独特之处

如果你的产品能够在实用性上有所注重，坚持"质量第一，货真价实"的原则，具有很高的性价比，能满足顾客的心理需求，那么就能经得住顾客货比三家的挑剔，最终获得顾客的肯定。

3. 亲自演示，刺激顾客的购买欲

在演示产品功能的时候，一方面要制造活跃的气氛，另一方面要邀请顾客参与，发挥体验营销的作用。对于一些需要操作的仪器类产品和较为复杂的产品，这一点尤为重要。

> 顾客拒绝了你，也许并非不想购买

心理学家认为，顾客在没有足够的理由说服自己购买的时候，就会选择否定。

顾客拒绝购买，并不代表他真的不需要。据统计，大概60%的顾客拒绝购买的理由，并不是拒绝消费的真正理由。所以，了解顾客拒绝购买的真实意图，是帮助他们重新下决定的关键。

掩盖心理，是指不说出自己的真实需求和想法而用其他原因来代替。如果你顺着顾客的说辞来继续交流，就会引起他们的反感，直至导致他们走人。所以，你需要给出一个条件来吸引他们的注意。

在销售中，许多顾客为了掩盖拒绝购买的真实原因，会用一些虚假信息作为托词。遗憾的是，很多销售员不能挖掘出顾客拒绝购买的真正理由，也就不能在顾客的反对意见刚刚萌生的时候打消他们的顾虑，时间再一拖，他们就真的放弃购买了。

李飞是某品牌白酒经销商的销售员，为了把酒尽快地销售给某酒店的张总，他拜访张总后开始介绍自己的产品："酒的包装方案和材料是国内一家知名设计公司设计的，顾客一定会喜欢。"

张总回答："这款产品的包装确实很漂亮。"

李飞继续说："销售我们这款产品，可以赚到 40% 的利润。另外，我们还有 10% 的促销支持。"

"听起来，销售你们的产品应该能赚不少钱。"

听到张总这么说，李飞感觉时机成熟了，就说："您可以先进一批酒销售试试，这么好的产品加上这么大的利润空间，相信会有很好的销量。"

"实在对不起，目前我们暂时没有考虑新产品进店销售，等过段时间我再通知你吧。"

李飞遭到了张总的果断拒绝，他不明白对方为什么会拒绝自己，或者说对方为什么会拒绝这么好的产品。

王平是李飞的同事，面对同样的顾客，他却赢得了对方的信任并成功拿下了订单。

王平去酒店找到张总问道："您平时一般选择什么样的白酒产品进店销售呢？"

张总说："我们选择的白酒产品，首先考虑的是产品的质量，另外是产品的利润空间、售后服务和包装。"

"您所说的产品质量是指什么？"

张总说："产品质量要达到国家标准，口感和度数要符合当地顾客的消费习惯。上次我进了一款产品，包装漂亮、度数也合适，但是据顾客反映说喝了上头，还有的顾客说是假酒，现场要求赔偿。"

王平明白了原因，考虑了一下说道："如果能满足您的质量要求，而且给您合理的利润空间，并且保证每周拜访一次做好售后服务，您会选择销售我们的产品吗？"

"自从上次出现质量问题后，我们店销售的所有产品都要经过餐饮部李经理品鉴后，才能确定是否进店销售。"

于是，王平提议邀请张总和李经理共同品鉴一下自己的白酒，并在第二天赠送了酒店两箱。张总和李经理当场品鉴后，表示王平拿过来的酒的确是好酒，于是合作水到渠成。

回顾一下销售过程，李飞只是想把产品尽快地销售出去，从开始到结束一直都在给客户单纯陈述自己产品的特征，结果根本无法打动客户。而王平通过有效地向客户提问，问到了客户关心的问题，然后围绕客户的需求来陈述自己产品的特征和提供解决方案，最终促使销售成功。

通过这个案例可以看到，很多销售不成功是由于销售员没有弄明白顾客真正的需求和关注点是什么，他们只顾自己说得头头是道，就是不入顾客的"法眼"。在这种情况下，顾客大多数会选择拒绝。

一般来说，顾客拒绝的情况有以下几种，销售员一定要细心揣摩，对症下药。

1. 需求问题

顾客因犹豫不决而拒绝时，一种情况是因为他没有意识到自己的需求。需求也是可以创造出来的，作为销售员，你的首要任务就是让顾客认识到这种需求，并把这种需求强化，而不是拿顾客没有需求的观点来说服自己。

还有一种情况是顾客不急需，他便利用拖延购买而选择拒绝。这种情况表明，他有购买意愿，只是意愿还不够强烈，尚未达到促使他立即采取购买行动的程度。应对这种情况的最好办法是，让顾客意识到立即购买带来的利益和延误购买将会造成的损失。

另外，还有一种情况是顾客由于没有足够的理由说"是"才说"不"的。在顾客尚未认识到商品的好处之前，销售员如果试图去实现交易，那几乎是不可能的，因为谁也不愿意贸然购买产品而被人看成傻瓜。在这种情况下，顾客缺少的是诚心实意的帮助。销售员应该帮助顾客认识到产品的价值，好让他有充分的理由放心购买。

当然，顾客不购买也可能是他们真的不需要这种产品。所以，销售员一定要凭借敏锐的观察力，或通过提出一些问题让顾客回答，了解他们的需求之所在，以便真正满足他们。

2. 金钱问题

一般来讲，口袋里的钱有多少将直接影响顾客的购买力，当你碰到自称没钱的顾客时，理论上讲还是有希望的。解决的办法主要是摸清他的真实想法：是真的没钱？还是目前钱不够？或是对产品质量有顾虑？多站在顾客的角度想问题，才能促成生意的成功。

此外，涉及金钱的还有价格问题。据统计，国外只有5%的顾客在选择产品时仅仅考虑价格，而有95%的顾客会把产品质量摆在首位。

随着生活水平的提高，人们也越来越看重产品质量，所以，从这个角度来看，嫌产品贵只是表面现象。自古就有"一分钱一分货"之说，顾客之所以这么讲，肯定是认为产品不值这么多钱，这个评估仅仅是他的心理评估。

如果顾客不能充分认识到产品能给自己带来的价值，他当然有理由认为产品根本不值这个价钱，嫌贵就是很自然的事情。所以，销售员一定要在产品的价值上下功夫，让顾客对产品的价值有全面的了解。

3. 时间问题

销售员三天两头联系顾客，对方一句"没时间"就会把你"打入冷宫"。这是最常见的，也是最没办法解决的一种拒绝方式，销售员会产生无比的挫折感。

这时有些销售员会选择放弃，认为顾客无诚意。但反过来想想，销售员已经付出了这么多，为何就不再多坚持一会儿呢？显然，敢于这样说话的顾客是有一定决定权的人，若一开始就被他的气势压倒，在随后的工作中将始终会有难以摆脱的心理障碍。

对于这样的顾客，就应该单刀直入，直奔主题，如果能在开始的几分钟内引起他的兴趣就还有希望。当然，如果顾客正在忙，或正在开会不方便接听电话，就没有必要再浪费时间，明智的选择是留下联系方式另约时间。

另外，还有一种情况是销售员已经把资料和样品给顾客看了，演示了，顾客需要时间考虑。眼看马上就能成交了，到最后顾客依然说再考虑时，销售员一定要跟紧，以免把到手的订单拱手让人。

这时，销售员尤其要注意的是，不要出于礼貌性地说："那您再考虑考虑吧。"一定要约好跟顾客下次见面的机会。否则，考虑的结果一般是："不好意思，我已经选择了其他产品。"

4. 信任问题

因信任问题而拒绝，这不是拒绝销售的商品，而是拒绝销售行为的人——销售员。人们通常认为，销售的关键取决于产品的优劣程度，这虽然有一定的道理，但不能一概而论。有时，即使是好的产品，不同销售员的销售业绩都大不相同，原因是什么呢？

大量研究表明，在其他因素相同的情况下，顾客更愿意从自己信任的销售员那里购买产品。因此，要想成为一名成功的销售员，必须在如何获得顾客的尊重和信任方面多动脑筋。

表面上看，顾客的种种理由似乎是正当的抵制，实际上只是一些借口而已。因此，销售员一定不能把借口当成真正拒绝的理由，也不要非常直接地告诉顾客，说他是在寻找借口或者不愿意做出明确的回答。当正题谈不下去时，我们不妨运用迂回战术，闲聊一番，也许聊到双方都眉开眼笑时机会就降临了。

＞顾客疑虑时大多说的一句话——产品适合我吗

"产品适合我吗？"这是顾客在消费过程中害怕自己产生不当购买行为的一种说辞。通常，当顾客说出这句话时，就表明他本能地对产品的质量和价格产生了怀疑。

为了让对话能够继续下去，销售员在收到顾客的拒绝信息后，要懂得见招拆招。比如，销售员可以这样说："我们的顾客非常多，全国有几万名像您这样的成功人士都选择了我们的产品。在质量方面，我们的产品每年都会经过国家有关部门的检测。所以，请您放心购买，我相信我们的产品一定会让您满意！"

晓华是服装商场的导购员，她所在的专柜是一家刚刚入驻中国的意大利品牌，知名度不太高。晓华在服装行业已经工作了四五年，拥有丰富的销售经验，她凭借自己的销售能力成功地提高了品牌的知名度，获得众多顾客的好评。

晓华："您好，欢迎光临本店，您是想选购上衣还是裤子？"

顾客："你们店的衣服挺有特色的，我随便看看。"

晓华："您真有眼光，我们主营意大利品牌，所有服饰展现了浓厚的欧美风情，而且本市只有我们一家意大利品牌店，绝对独一无二。"

顾客："是吗？但我看这些服装可能不太适合我穿。"

晓华："您今天的穿着确实与本店的风格不同，但是您身材高挑，皮肤白净，又有气质，穿上我们店里的衣服绝对非常亮眼。"

顾客："这些衣服的风格好像跟我不搭，适合我吗？"

晓华："适不适合，试一下就知道了，现在您就花几分钟试一下效果吧。"

顾客："好的，那我试一下。

"哎呀，穿上之后好像换了一个人，我不太习惯，而且我看价格也挺高的，我还是脱下来吧。"

晓华："刚刚您都说了，穿上这件衣服就像换了一个人，说明这件衣服非常适合您。您长得这么漂亮，如果时常换换风格，那么您的朋友和家人都会有眼前一亮的感觉，您说是吧？

"至于价格，您放心好了，我们的服装是国际品牌，在官网上都能查得到，您要是不放心，现在就可以上网查一查。我们可以向任何一位顾客保证，这个品牌的衣服绝对品质高、价格合理。"

通过晓华的一番解释说明，顾客满心欢喜地买下了这件衣服。

当顾客说"产品适合我吗"时，实际上是产生了疑虑，这种犹豫不决的心理是非常普遍的。拥有这种心理的顾客，在购物时会对产品的质量、性价比等一系列问题持有怀疑态度，担心自己购买产品会吃亏。

那么，面对这类疑虑心理严重的顾客，销售员该如何应对呢？下面就为大家介绍一些具体的应对方法。

1. 对顾客的购买想法给予肯定

顾客购买产品的目的是满足自己的需求，而当他们对产品产生疑问时，就说明他们对产品能否满足自身需求有所怀疑。这时，销售员要做的就是对顾客的购买想法给予肯定，让他们在心理上获得认同感。

2. 多方面证明产品的品质

面对顾客的质疑时，销售员应从产品出发，最好是从不同的方面对产品进行介绍和展示。销售员可以通过列举产品的知名代言人，拿出权威的质检证明、产品的实际销量数据等来证明产品的品质是有保障的。

3.耐心解答顾客的疑惑

顾客向销售员表达自己对产品本身的看法或疑惑后，销售员应耐心解答，多向顾客展示产品信息，然后深入了解顾客的想法，以帮助他们详细了解产品。这样做能够在很大程度上消除顾客对产品的疑虑，从而成功促成订单。

第 八 章

顾客是上帝也是人，人性的心理须了解

给顾客一种被重视的感觉，是获得顾客

信赖的首要途径。销售员善于付出真情，才能

换来顾客真诚相待。

> 你给对方"面子"，他就会回报你

面子问题是中国人特有的文化心理现象。

"人要脸，树要皮"，在中国人看来，面子意味着声望和社会地位，代表着人格和尊严。给我面子，就是尊重我的人格；毁我面子，就是侵犯我的尊严。因此，在为人处世中，面子具有极其重要的作用。

一位穿着时尚的女士走进一家高档服装店，店员徐瑾看到她后，赶紧热情地招呼道："女士好，我们这里有一套高贵、典雅又时尚的服装，看起来跟您的气质很搭配，您要不要试试看？"

女士点点头，显然徐瑾刚才的夸奖让她很受用。她试穿了这套衣服，在镜子前来回看着，表示很满意。这时徐瑾又说："这套衣服质量好，设计也好，而且价格便宜。别的款式都比较贵，不见得适合您……"

徐瑾的本意是想说这套衣服时尚又实惠，却用词不当。

女士听到这里，脸上的笑容消失了，生气地对徐瑾说："什么叫便宜的适合我，贵的就不适合我？我看起来很 low 吗？我有的是钱，这么便宜的衣服我还看不上呢！"说完，女士生气地离开了。虽然徐瑾不住地道歉，最后也没有挽回女士，一笔好好的生意就这样黄了。

从女士的打扮来看，徐瑾一开始发现了女士的经济实力，可是她在夸这件衣服时却用了"便宜"这个词，这句话正好伤害了女士的面子，从而导致交易失败。

中国很早就形成了一个巨大的"面子消费"市场，在营销过程中，如果你能抓住顾客的这一心理特点，会大大提高成交率。

杜跃近期买了一套房子，准备装修，就去逛建材市场。他来到一家瓷砖专营店，跟店员聊了一会儿，店员徐川就推荐了一款新出的地板砖。

杜跃感觉这款地板砖的花色自然、大气、层次感强，特别适合宽敞的房间。徐川看到顾客喜欢，就说："刚才您说房子是在四楼吧，我感觉四楼光线不是很好，这种地板砖铺地面就比较合适。"

杜跃说："花色是不是有点太复杂了？"徐川回应道："这块地板砖是放在架子上的，看起来好像让人觉得有点花，但如果铺在地上就不花了；相反，铺在面积大的房间里效果还会更好。"说着，他把几块地板砖摆放在地上，杜跃看了一下效果，果然不错。

杜跃问："这地板砖什么价格，有折扣吗？"徐川说："现在店里做活动，最低打八折后是148.8元一块。"杜跃不再讲话，有点犹豫，显然认为价格高了。他碍于面子又不想跟店员谈价格，就说要回去跟老婆商量一下。

徐川知道，这只是一种对价格不满的托词，一旦顾客走了，单子很可能就黄了。于是，他提议："去接嫂子来看看吧，现场体验最好！"

等杜夫人来到展厅看了这款地板砖之后，很是喜欢，但也认为太贵了。

徐川解释道："要做出这样的花纹效果，工艺就要多三道，成本增加了，价格就上去了。不过，多出的这点钱能达到您想要的效果，而且，公司提供免费送货、补货。还有，如果您用不完，单块砖我们都退。"

杜跃心里盘算了一下，满意地点点头说："那就定了吧。"

在这个案例当中，顾客提了两个问题：产品的花色和价格。这两个问题也是建材店店员经常遇到且解决起来相对棘手的问题。比如，花色是顾客一眼看到的，顾客喜欢与否只跟自身的喜好有关，很难受到店员的左右。因此，把一款顾客认为不满意的花色推荐成功，是一件不容易的事。

顾客感觉价格"贵了"，销售员如果不能给予合理的解释，说服工作就会陷入僵局。上述这名店员却成功地解释了产品的价格，不是产品本身是148.8元，而是产品＋复杂工艺＋送货＋补货＋售后服务＝148.8元，这样就照顾了顾客的面子——看起来有点贵，实际上还算便宜。

这名店员的说服工作，有效地抓住了顾客"爱面子"的特征。既然顾客希望得到销售员的赞美，销售员就应该及时赞美他几句；既然顾客怕被别人看不起，销售员就应该给其足够的重视。

对待好面子的顾客，需要做到以下几点：

1. 不要推荐便宜的商品

顾客在购买商品时，往往会追求"物美价廉"，但并不是每个顾客都喜欢便宜的商品。比如一些有钱的顾客，如果你把便宜的商品推销给他们，就会无意中刺伤他们的虚荣心，使其内心产生被奚落的感觉从而拒绝购买。

2. 适当地赞美和恭维

爱面子的顾客喜欢在别人面前摆阔气、讲排场，其目的就是要得到别人的赞美和恭维。这样，他们的心理需求就会得到满足，从而心情愉悦。

3. 不要跟顾客争论

你要给足顾客面子，即使他们确实错了。本杰明·富兰克林说："如果你老是抬杠、反驳，也许偶尔能获胜，但那是空洞的胜利，因为你永远得不到对方的好感。"

> 在讨价还价中，满足顾客的成就感

谈生意的时候，顾客的成就感是从哪里来的？这很大一部分是从讨价还价中获得的。在销售过程中，每个顾客都会问到价格、质量等问题，讨价还价就成了顾客的一种心理需要，目的是获得某种心理平衡。

在现实生活中，假如一件衣服标价300元，顾客却用120元买下了，那么，他通常会有一种成就感，这是因为他在购买过程中获利了，也就是说省了钱。

有一对夫妻花了很长时间才寻找到他们喜爱的一款古董

手表，他们商量，如果售价不超过 600 美元就买下来。然而，当他们看到标价的时候，丈夫犹豫了。

"哎哟！"丈夫低声说，"标价是 798 美元，可是我们最多只能出 600 美元，我们还是走吧。"

"是贵了很多。"妻子说，"不过，我们可以问问店主能否卖便宜点。再说了，我们找了好久才找到这款手表，放弃了怪可惜的。"

夫妻俩商量了一下，由妻子出面与店方讨价还价。

妻子对手表店老板说："你们店里有一款手表我觉得挺不错的，但我看了一下手表的标价……"停了一下，她继续说，"因为这块手表很旧了，我想给这块手表出个价，不过这个价格会很低，希望你不要震惊。"她停下来，接着说，"我只能出价 300 美元。"

后来，经过几次讨价还价，这对夫妻终于以 600 美元的价格买下了古董手表。他们非常高兴，因为节省了 198 美元，这让他们有一种成就感。

顾客都有这样的心理，他们希望买到便宜的东西，因此，在购买过程中就会不停地讨价还价。当销售员舍不得以他们开的价格卖出产品的时候，他们就越觉得产品值这个价。在这样的潜意识下，通过讨价还价而获得产品，顾客就会有一种成就感。

　　周末，李爽约了周雨等几个同事聚会，吃过饭后，他准备买单，周雨将账单抢了过去，看了看对服务员说："把你们老板叫来。"原来，这家饭店的老板是周雨的朋友，周雨喊老板过来就是希望给打个折。

　　服务员确认他们认识老板后，就出去了。过了一会儿，餐厅经理过来了，寒暄了一下，说："非常抱歉，今天我们老板不在。不过，既然您是老板的朋友，来照顾我们的生意，我就代表老板给您打个折，账单按九折算，您看怎么样？"

　　周雨不太满意，拿出手机就要给老板打电话。经理经过解释后，自己给老板打了电话，最后，把电话交到周雨的手上。周雨跟老板聊了几句，最终餐厅给他们打了八折，还另外送了一个果盘。

　　周雨之所以这么做，就是想在朋友面前争个面子。而餐厅经理也很会做生意，他不仅满足了周雨的要求，还让周雨赚足了面子。

　　在销售过程中，销售员要满足顾客在讨价还价中的那种成就感，需要注意以下两点：

1. 交易的速度不要太快

任何顾客都想跟销售员议价，最终获得较为实惠的成交价格。作为一名销售员，在进行交易的时候不要急于求成，太快答应顾客降价的要求，往往会让顾客感觉产品有质量问题。

2. 把产品的价格定得高一点

首先将产品的价格定得高一些，给顾客留出砍价的空间，这样就可以让顾客的虚荣心得到满足。另外，顾客砍价后以较低的价格获得产品，他们的成就感就会越大。在这个过程中，价格必须慢慢地往下降，不能在顾客刚一开价的时候你便同意了这个成交价格。

> 谁都会有好奇心，顾客的好奇心更大

每个人都有好奇心，尤其是对于自己没有见过的东西更充满兴趣，因此，很多人会有打破砂锅问到底的心理。

在销售过程中，销售员经常会遇到这样的顾客，他们对推销的产品没有用过就充满好奇，总是提出各种问题。此

时，销售员可以利用顾客的好奇心理，让他们了解产品的优势并进行引导，最后达到销售的目的。

对于很多人来说，"为什么会这样""到底是怎么回事"之类的问题得不到解决，他们就会感到不安。解决了这些问题，则会使他们获得一种安定的情绪。因此，销售员可以利用人们的好奇心，通过设置"悬念"引起顾客的注意、吊起顾客的胃口来销售产品。

某房地产公司开发的楼盘很长时间都卖不出去，于是，有一家策划公司就主动找上门去，双方谈好合作条件后，他们在微博上打广告，整个版面只有六个字：寻找"空中花园"。这条微博一发出，马上就引起轰动，很多网友都好奇地评论："空中花园"是什么？为什么要寻找它？

没过几天，策划公司又发了一条微博：有人发现了"空中花园"！本来人们的心里只有一个疑问，过后也没有太在意，现在有人发现了"空中花园"，这更让人们好奇不已，有了追寻到底的心理。于是，很多人在微博下面评论："空中花园"的标准是什么？"空中花园"在哪里？

又过了几天，房地产公司才把谜团揭晓："空中花园"是你给家人的一个承诺！这时候人们才了解到，原来"空中花园"是一座新建的小区，于是纷纷前往咨询，房子的销量大增。

房地产公司利用人们的好奇心来做广告，把大众的注意力吸引过来，让很多人都了解到新建的小区，最后取得了成功。由此可见，在销售中利用顾客的好奇心理是刺激其购买欲的一种好方法。

除了设置"悬念"引起顾客的好奇心，还可以给产品增加一点神秘感。对越是神秘的东西，很多人往往越是有好奇心、越是感兴趣。

东北地区有一家小酒厂，由于无法打开市场，在经营了两年多后面临倒闭的境地。

由于该酒售价较高，一般老百姓喝不起，而那些高消费人群又觉得它没名气、不上档次。所以，在维持了一段时间仍然没有销路的情况下，老板打算把厂子关掉。

这一天，酒厂老板带着一箱酒，约了几个朋友找了家饭店吃饭，想正式宣布酒厂关门。酒厂老板点完菜，跟朋友聊起这事。饭店老板听见了，走上前说："可不可以让我尝尝你的酒。不瞒你说，我的饭店一直经营外地品牌的酒水，因为咱们本地没有名酒呢。"

酒厂老板马上打开一瓶，没想到这酒芳香扑鼻。很快，饭店里的客人都过来问："什么酒这么香？给我们拿几瓶尝尝。"过了一会儿，整个饭店里都是酒香味。

饭店老板灵机一动，说："剩下的几瓶酒我都要了。告诉你一个好办法，每家饭店你都免费送上两瓶酒，并且写上：'此酒喝一口香三里，不香不要钱。'"

酒厂老板想了一下，这是个办法，马上行动起来。一开始，大家对这种酒只是非常好奇：到底是什么酒能够香三里？不过，等饭店老板免费给客人品尝后，所有客人都竖起了大拇指。没过多久，这种酒就成了当地名酒。

上述这个案例，通过广告语"香三里"吸引了无数酒客的好奇心，纷纷来品尝，最后让快要倒闭的小酒厂起死回生。可见，人们的好奇心理包含着多么大的商机。

那么，销售员又该如何唤起顾客的好奇心呢？以下三种方法可以尝试一下：

1. 提问

人们有一种思维习惯，就是会不自觉地关注问题。比如，一名销售员对顾客说："您知道这个世界上最贵的东西是什么吗？"这样的提问方式肯定会吸引顾客的好奇心，于是，顾客就会更加有兴趣听销售员往下讲解，而不会轻易地打断或拒绝。

当然，任何吸引顾客好奇心的提问都应该与你的产品相关，否则就无法将话题引到产品上来。

2. 显露出冰山一角

想要激发顾客的好奇心，就要给顾客展示产品价值的冰山一角，让顾客想要了解更多产品的信息。比如，销售员可以这样引导顾客：

"如果我们的产品可以为您提高 40% 的产量，您愿意看一看具体的演示吗？"

"稍微改进一下方案，您就可以极大地提高投资回报率，我能详细说明一下吗？"

"好多顾客通过调整维护系统节省了大量开支，您也想像他们一样为公司节约成本吗？"

谁不想知道如何省钱、提高产量和投资回报率的方法呢？提问上述类似的问题，顾客就会很自然地想要了解更多的信息，这样就把他们的积极性调动起来了。

3. 出新

对于新商品，人们都想一睹为快。更重要的是，好多用户不想被排除在外，所以销售员可以利用这一点来吸引顾客的好奇心。比如："杜总您好，感谢您的公司一直使用我们公司研发的管理软件，近期我们将推出两款新软件，相信它们对您的公司更有帮助，您愿意试试吗？"

在利用人们的好奇心来进行销售时，有时候会让顾客感到这是商家的花招，所以，不管以上哪种吸引顾客好奇心的方法最好都不要脱离实际，而且答案也要与顾客的自身利益相关。否则，顾客就会有一种上当受骗的感觉。因此，利用好奇心销售要把握火候，不宜太过火。

> 把自己收拾利落，给顾客良好的第一印象

在聊天时，我们常常会听到这样的话：

"我从第一次见到他，就喜欢上了他。"

"我永远忘不了他留给我的第一印象。"

"我不喜欢他，他给我的第一印象太糟糕了。"

"从对方敲门到进来坐下，再看他的穿着打扮，我就能了解他是否'合格'。"

从这些话中我们可以看出，大多数人都是靠第一印象来判断和评价一个人的。如果对方喜欢你，就是因为你给他留下了良好的第一印象；如果对方讨厌你，肯定是你给他的第一印象太糟糕所致。

有些销售员会纳闷儿：顾客为什么不信任他们所推荐的

产品？有些销售员更疑惑：为何与顾客第一次见面后，就再
也没有第二次机会了？其实，这都是因为他们没有给顾客留
下良好的第一印象。

在顾客的消费行为中，销售员留下的第一印象很关键。
例如电子邮箱，很多人都有自己的偏好，就像朋友小可一直
都在用新浪邮箱，因为这是她申请的第一个电子邮箱，所以
就一直用了到现在。

我们会发现一个现象，很多人使用的电子邮箱并非各个
邮箱之间好坏比较出来的结果，而是他们第一次申请了哪个
邮箱，就会一直用下去。在接触到新邮箱时，他们也会按照
自己以前使用的习惯来挑剔新邮箱的缺点，同时强调老邮箱
的优点。这就是第一印象的重要性。

因此，对销售员而言，利用顾客的这一心理，可以用"美
好的第一印象"发掘和稳定自己的目标消费群，培养他们的
消费忠诚度。

李东是某印刷公司的总经理，一天，他接到一个电话，
纸张销售公司的销售员杜鹏想拜访他。基于对方的产品质量
不错，李东请杜鹏下午3点到自己的办公室来面谈。

下午3点，销售员杜鹏来到李东的办公室。他穿着一套
皱巴巴的浅色西装，打一条领带，领带飘在衬衫外面，有

些脏，好像还有油污；黑色皮鞋没有擦，看得见灰尘。

李东打量了杜鹏好一会儿，心里就开起了小差，也不听对方在说什么，只隐约看见他的嘴巴在动，还不停地拿出资料。

等杜鹏介绍完好一会儿，李东还在留意他的打扮，对他说："把资料放在这里，我看一看再说，你先回去吧。"

就这样，杜鹏被打发走了。

虽说内在比外表重要，但是人往往也会被外表所吸引，尤其是第一次见面时，穿着得体的人更容易得到别人的信任。

有位资深的销售专家曾告诫过晚辈：在销售行业中，要懂得形象上的包装，给对方留下良好的第一印象，永远是成功的第一步。

这话说得一针见血，人都注重视觉印象，就像上面的李东一样，销售员杜鹏给他的第一感觉是邋遢、不修边幅，还如何让他有意愿继续跟对方谈下去呢？那样的话，即使你能力再强，也很难得到证明。

正所谓：良好的开端，是成功的一半。

玲玲的个子不高，容貌也一般，但在保险公司里却是最受顾客欢迎的员工。很多同事都感到奇怪：为什么她有那么大的魅力，顾客都愿意把单子交给她做呢？

后来，在年终总结会上，领导让玲玲作为代表发言，她才说出了自己的秘密：从外在仪表和内在修养上包装自己，做到第一时间让顾客喜欢自己、信任自己。

刚开始做保险工作时，玲玲经常没说几句话就被对方打发走了。有一次，在她生日那天，男朋友送了一套很适合她的职业套装。中午她和男朋友吃了饭，下午就打扮得漂漂亮亮地去见顾客。碰巧那天约的是一位女顾客，对方一看她的套装就眼睛发亮，没等她开口就问她这套衣服多少钱？在哪儿买的？有没有自己穿的尺码？

那是玲玲第一次跟顾客说那么多话，也是她签的第一笔单子。虽然那笔单子的数额不大，但她受益匪浅。以前，她总认为女人不是花瓶，要靠实力而不是外表说话。从那以后她明白，好的包装是向别人推销自己的敲门砖——外在仪表好，不用开口说话，别人就先接纳了你三分。

从此以后，玲玲在提升自己业务技巧的同时，更加注意仪表，慢慢地，她就成了公司里最优秀的业务员。

这也难怪，在现实生活中，对于刚接触到的人，人们总是会凭本能对其外表进行判断：他像是干什么的，他像好人还是坏人，他像让人喜欢的人还是让人讨厌的人，等等。因为外表是直观的，而人们在不熟悉的情况下，只能通过亲眼看到的、亲耳听到的对他人形成初步判断。

人们总说"以貌取人"是不对的，但是，现实中几乎没有完全不以貌取人的人。因此，对于销售员来说，我们应该从着装入手，让好的仪表给顾客以良好的第一印象，这会更容易取信于人，也会给你带来更大的成功。

> 对顾客感恩，发自肺腑地说"谢谢"

销售员必备的品质之一就是要学会感恩，对每一位来消费的顾客说一声"谢谢"。不要小看这一声"谢谢"，它在很大程度上能提升你的业绩，而且会为你带来更多忠实的顾客。

当销售员表达感恩时，顾客会感到被尊重和认可，同时他们也会认为你是一个知恩图报的人，这样，他们自然愿意与你保持长久的联系，并且给你介绍新顾客。而不知道感恩、冷落顾客的人，往往难以赢得顾客的好感和支持。

　　在下面的案例中，销售员乙就是一个不知感恩的人，结果得罪了顾客，给服装店造成了损失。

　　甲和乙都是某服装店的店员，这天中午客人少，他们就谈起了最近的一个大单子。

　　甲："听说你一会儿要接待一位重要的顾客？"

　　乙："是啊！经朋友介绍，几天前她来咱店里订了300套广场舞的服装，今天她来就是再具体商讨一下细节。"

　　甲："你真走运啊，遇到这么大的一位顾客，这个月的提成肯定不少啊！"

　　乙："那肯定的！"

　　甲："你真该感谢一下对方啊！"

　　乙："有啥好感谢的，她在这笔生意中的获利估计比我都多，这次来就是商讨订购价的细节。我们也是各取所需，像她这种人都是无利不起早。"

　　她们俩正聊得热火朝天时，乙忽然一转头，看到那位"无利不起早"的顾客脸色铁青地站在她身后。

　　现实生活中，总有一些销售员像乙一样，不肯表达自己对顾客的感激之情，他们总是过河拆桥，一旦生意谈成就抛开顾客不管，转身开发其他顾客。当顾客发觉你唯一的动机就是为了快点拿到佣金时，他们的心里就会产生被利用和受轻视的感觉，那么交易必然泡汤。

相信你一定听过乔·吉拉德的大名——他是世界上最伟大的推销员。

乔·吉拉德就是一个懂得感恩的人，他对每位顾客都会真诚地表示感谢，即使在交易结束后，他也总是给顾客寄感谢信，并在次日再通过电话表达自己的谢意。

他曾说过："我会亲自给顾客拨电话，我说我是公司的总裁，非常感谢他们的生意合作。而且，我还会问他们对我们的服务有什么意见，是否有问题需要跟我讨论。然后，我会告诉我的直拨电话号码，希望他们随时与我联系。你可能都不相信，我的电话对他们产生了多大的影响，毕竟，你什么时候接到过总裁亲自打来的电话，而电话内容又是询问你是否对他们的产品感到满意。"

他从不忘记在成交后真诚地对顾客说："谢谢您！我想让您知道我是多么感激您的合作，我保证尽己所能为您提供最好的服务，以此证明您从我这儿消费是一个正确的选择。"

像乔·吉拉德这样伟大的推销员，即使在身价达到百万后，也不会冷落、轻视任何一位顾客，依旧会自然而然且不失礼貌地对每一位顾客说"谢谢您"。

当然，除了直接说出你对顾客的感谢之意，可以学习乔·吉拉德那样寄一封感谢信给顾客，也可以抽空跟他们见面，感谢他们选择了你为他们服务。总之，让顾客感受到你的感恩之心，这是获得忠实顾客最好的方法。

> 化整为零，你要懂得转化技巧

人的心理是很复杂的，比如保险产品，当你告诉对方每年需要投入 10,000 元时，他可能会很犹豫，觉得投入的钱太多了。但当你告诉他每天只需要 20 多元时，他就会觉得这点钱没什么，很划算。

这种销售方法叫作化整为零，在很多领域，我们都会看到这样的销售方式。

顾客对价格是非常敏感的，如果销售员想要将产品顺利地卖出去，就要让顾客产生"只需要很少的钱就可以获得产品"的想法。

将产品的价格化整为零的心理战术非常有效，销售员的这种报价方式可以使顾客在心理上感觉产品并不贵，虽然实际上产品的价格是不变的。

王伟是一家保健品公司的销售员，在推销产品时他处处碰壁。后来，经过朋友的点拨，他才找到自己销售失败的原因，原来是自己在产品报价环节上出了问题。

起初，王伟在小区里向一位大爷推荐保健品。大爷一听对身体好，就很热情地问他多少钱。王伟不假思索地说："398 元一盒，3 盒一个疗程。"他刚刚说完，大爷就推托说家里有事离开了。

大家试想一下，对于一位在家养老的大爷来说，将近 400 元一盒的保健品太贵了，而且 3 盒一个疗程，怎么也得用上两三个疗程才有效果——超过千元的产品，肯定会将这类顾客吓跑的。

发现这个问题后，王伟就开始巧妙地运用化整为零的报价方法。

依然是那个小区，这次的顾客是一位跳广场舞的大妈。大妈也对保健品动了心，问王伟价格。这次他学聪明了，他很亲切地告诉大妈："价格不高噢，每天只需要为您的身体投资 10 元，就可以让您更加健康。"

听王伟这样说，大妈对保健品感兴趣了。随后，王伟又向大妈详细地介绍了保健品的好处。最终，大妈一口气买了两个疗程的保健品。

分析上面的两种销售方式，产品的价格并没有改变，却出现了两种截然不同的结果。第一次是按照产品的整体价格来报价，这种报价方式容易让顾客感觉产品的价格很高；第二次是按照顾客平均每天的花费，即化整为零来报价的，这样顾客就比较容易接受了。

销售员在使用化整为零的报价方法时，最好将产品的价格分成最小单位，也就是采用分期的价格策略，这样才能让顾客更容易接受，进而促成产品的顺利销售。

> 适时沉默，把更多的时间留给顾客

在销售过程中，当顾客抱怨："怎么价格比去年涨了这么多？"销售员可以这样说："是啊，价格比起前一年确实高了一些。"然后就静等顾客的下文。

顾客的反应会是怎样的？有的顾客很清楚，近一年的原材料、人工等成本上涨不少，价格上涨是必然的，这可以理解。这时，他会撇开价格去关注合同中的其他条款。

有的顾客这样说，只是他的一个砍价技巧。看到销售员沉默，他会给出一个价格："你看降低到××元，可以吗？"当顾客说出一个价格时，销售员就能准确地把握他的心理价位，然后拿出应对之策。而一切的关键，在于销售员适时的沉默。

在与顾客面对面交谈时，销售员可以通过适时的沉默，把更多的时间留给顾客。看上去顾客似乎是意见的主动发出者，销售员是被动的接受者，但是，销售员在"听"的过程中，有充足的时间对顾客真实的需求、疑虑进行准确的鉴别和判定，及时捕捉各种购买信号，慢慢地把握主动权。

顾客："再降一点吧，我马上付款提货。"

销售员："真的是最低价了，如果再降的话，我们就赔本了。"

顾客："我们谈论价钱很久了，已经浪费了这么多的时间，要是你丢了这单生意岂不是太可惜了？"

销售员："要真是那样的话，的确可惜了。但是，要是您同意现在的价格，我们就不用再耽误时间了。"

顾客："既然是这样，那我还是再看看吧！"

销售员："好吧，您可以去其他单位比较一下，相信我给您的一定是最低价。"

顾客走了几步，没想到又回来了，说道："真是耽误时间，我还是买了吧！"

为什么顾客走了之后又回来了呢？因为他从销售员的谈话中，发现了销售员的坚定和自信，这让他觉得这个价格不会太高，所以最后还是决定购买。

如果顾客说"那我不买了"，这时销售员答应可以再给一些优惠，表面上留下了顾客，但这会让顾客感觉你给的价格有些虚高——顾客觉得销售员根本就没有说出公道价，这个价格实际上还可以再降，但是能降多少顾客根本不知道。所以，这时候顾客很有可能放弃购买。

在销售过程中，我们可以留出一些空白时间，这样就可以让顾客自己去考虑。特别是在谈及价格和付款方式的时候，更需要给顾客留下一个合理的空间，让顾客能有思考的余地，不至于使谈判太紧张。

当你给出的价格实在没有办法再降了，那么可以让顾客去其他单位比较，让他们知道你的价格是最低的，并且欢迎他们再回来选购。实际上，这就是"空白效应"。

销售员可以按照下面两种方法来运用空白效应：

1. 给顾客设置悬念

在跟顾客交谈的时候，假如看到机会来了，可以适当地抽身离开，这样会给顾客留下一个思考悬念，等到一会儿再给顾客解开悬念。

"哎呀！实在不好意思，现在我有件急事要去处理，我们另找个时间再详谈。"面对销售员的突然离去，此时顾客一定会很诧异，他们的心里必然会不舒服，期待销售员快快回来解决问题。

2. 征询顾客的看法

在跟顾客进行交谈的时候，假如顾客对你的观点有异议，这时候你不妨这么解释："您觉得我说的对不对？您是怎样想的呢？"之后，你沉默下来，让顾客有时间去思考。等到顾客充分思考之后，再认真倾听他们的想法，然后一一记住他们的观点。